Agil skalieren mit dem Spotify-Framework

Wie Sie erfolgreich Squads, Tribes und Chapters mit dem richtigen Mindset einführen und eine agile Transformation starten

Maik Scheele, Manuel Marsch

D1730425

Version 1.4

1. Auflage: 07/2020

ISBN: 978-3-9821759-0-4

Kontakt zu den Autoren:

SkalierenmitSpotify@maikscheele.de

INHALT

VORWORT

Agilität ist nicht mehr nur irgendein Trend in der heutigen Zeit, sondern die neue Arbeitsweise mit der erfolgreiche Unternehmen den Herausforderungen des 21. Jahrhunderts, insbesondere der weiter vorschreitenden Globalisierung, Digitalisierung und der Kundenzentrierung (Customer Centricity) begegnen.

Befragt man selbst große traditionelle Unternehmen in Deutschland und weltweit, so haben nahezu alle agile Transformationsprogramme gestartet, um agile Methoden übergreifend einzusetzen oder gar das ganze Unternehmen zu einer agilen Organisation umzubauen.

Für diese großen Unternehmen reichen die agilen Team-Methoden, wie Scrum oder Kanban nicht aus, hier sind Modelle für skalierte Agilität gefragt, da bei Transformationen von mehreren Tausend Mitarbeitern nicht mehr nur in kleinen agilen Teams gedacht werden kann, sondern größere agile Einheiten notwendig sind.

Während die bekannten Modelle, das Scaled Agile Framework (SAFe®) des US-Amerikaners Dean Leffingwell und Large Scale Scrum (LeSS) als Alternative des Kanadiers Craig Larman und des Niederländers Bas Vodde seit Jahren in Deutschland eingesetzt werden, welche durch Partnerunternehmen, ausgebildeten Coaches sowie professionalisierte Schulungen, Zertifizierungen und eine entsprechende Dokumentation als Produkt zu kaufen sind, etabliert sich seit einigen Jahren das sog. "Spotify-Framework" als Newcomer quasi aus dem Nichts auf dem deutschen Markt.

Obwohl dies eigentlich nie ein Framework oder Blaupause für andere sein sollte, sondern aus dem "versehentlichen Veröffentlichen eines Artikels entstanden ist", hat das dies eine hohe Attraktivität für große Firmen.

Spotify selbst ist eine junge und sehr erfolgreiche Firma mit einem begeisternden Produkt. Die rudimentäre Dokumentation des eigenen Spotify-Frameworks in verschiedenen Blog-Artikeln sieht auf den ersten Blick mit knapp beschriebene Rollen, Artefakten und einem sehr schlanken Prozess einfach und damit attraktiv aus. Genau hier liegt auch die Herausforderung bei der Einführung des Frameworks in einem traditionellen, sehr hierarchischen und an vielen Stellen reglementierten Unternehmen.

Eine Grundvoraussetzung für das Gelingen einer agilen Transition nach Spotify, nämlich das Spotify-Mindset und die günstigen "agilen Rahmenbedingungen", die bei Spotify als Startup herrschten, sind oftmals in den erwähnten Beiträgen zu wenig beschrieben, oft liest man nur von den Einheiten Squads, Tribes, Chapters und Gilden und auch der zugrunde liegende Planungs- und Lieferprozess ist nicht komplett dokumentiert.

Genau dies war der Ausgangspunkt unserer Idee, ein Buch zu schreiben. Als erfahrene Agile Coaches, haben wir schon viele Transformationen nach unterschiedlichen Modellen begleitet - und auch die vielen Fehler, die man dabei machen kann erlebt. In diesem Buch wollen wir nicht nur das Spofity-Framework in deutscher Sprache beschreiben, sondern auch auf die Historie der Entwicklung bei der Firma Spotify und deren Rahmenbedingungen eingehen. Wir wollen Interessierten das notwendige Hintergrundwissen vermitteln, um mit dem Spotify-Framework agil zu skalieren, dass es nicht damit getan ist einfach neue Rollen zu vergeben und ein bisschen Prozess auszusetzen und schon funktioniert das Ganze, sondern dass man die Muster hinter agiler Skalierung verstehen muss um diese im Spotify-

Framework richtig anzuwenden. Dies ist eine anstrengende Arbeit, bei der wir Ihnen den ein oder anderen Irrweg ersparen möchten, den wir selbst schon gegangen sind.

Dabei erheben wir keineswegs den Anspruch auf Vollständigkeit und dies soll auch keine Blaupause bzw. verbindliche Anleitung zur Einführung sein, dennoch wollen wir allen Interessierten am Spotify-Framework eine Sammlung von unserer Meinung nach wichtigen Informationen und dem notwendigen Mindset und weitere Ideen dahinter bieten.

Da wir selbst als Agile Coaches und Transformationsbegleiter tätig sind und lean-agile denken, beginnt dieses Werk als MVP (Minimum Viable Product), also einer ersten minimal-wertvollen Produktversion, die wir ständig weiter verbessern wollen, wozu Sie lieber Leser - als unser Kunde - zum Feedback aufgefordert werden, um den Wert immer weiter zu steigern. Sofern dieses MVP Buch zeigt, dass es einen Bedarf gibt, wird sich hieraus ein Buch entwickeln, welches noch mehr Aspekte der agilen Transition beleuchtet. Ihr Feedback hilft uns, ein Buch zu schreiben, welches Transition Managern bei ihrer täglichen Arbeit hilft! Am schnellsten erreicht Ihr Feedback und Ihre Anregungen uns per Mail unter SkalierenmitSpotify@maikscheele.de

Doch jetzt starten wir mal und tauchen in das Spotify-Framework und dessen Hintergründe ein.

Viel Spaß.

Maik Scheele & Manuel Marsch

Mai 2020

1 EINLEITUNG

Laut dem "13th State of Agile Report", einer jährlichen Befragung an Unternehmen, welche Projektmanagement und Entwicklungsmethoden sie einsetzen, herausgegeben von der amerikanischen Firma VersionOne Inc., gaben 2019 97% der befragten Unternehmen an, "Agile Methoden" einzusetzen.

Company Experience

HOW MANY?

97% of respondents report their organizations practices agile development methods.

97%

Abbildung 1: Company Experience aus dem 13th State of Agile

Details unter
https://www.stateofagile.com/#ufh-c-473508-state-of-agile-report

Damit sind die Ideen, die im "agilen Manifest" als Startpunkt 2001 veröffentlicht wurden, weltweit angekommen, zwar gibt es immer noch Unternehmen, die bislang keine agilen Methoden einsetzen, deren Erfolg ist aber insgesamt nicht mehr aufzuhalten - in der Adoptionskurve befinden wir uns bei der späten Mehrheit.

Zu Beginn des agilen Zeitalters wurden vor allem einfache agile Methoden, wie Scrum und Kanban von separaten Teams oder kleineren Unternehmen mit nur wenigen Entwicklern eingesetzt, seit 2011 breiten sich auch in größere Unternehmen mit komplexen Produkten agile Methoden aus, wofür letztendlich skaliert-agile Methoden wie das Scaled Agile Framework (SAFe®) oder Large Scale Scrum (LeSS) entwickelt wurden, um die Strukturen zu schaffen auch mit Hunderten von Beteiligten große Produkte zu entwickeln.

Während hinter SAFe® und LeSS kommerzielle Interessen der Framework-Entwickler stecken, die mit dem Anbieten von Schulungen, Vergeben von Lizenzen und oftmals umfangreichen Partnerprogrammen ihr Geld verdienen, erschien 2015 plötzlich das sog. "Spotify-Modell" oder „Spotify-Framework" – so etwas wie ein „Open Source" Framework.

Dabei sollte es jedoch nie ein Framework sein, welches von anderen Unternehmen eingeführt wird, sondern ein Bericht über die Arbeitsweise bei Spotify und welche Schritte beim Wachstum und dem Umgang mit skalierter Agilität durchgeführt wurden. Welche Erfahrungen damit gemacht wurden, bzw. welche Strukturen und Abläufe sich als praxistauglich gezeigt haben.

Bekannt wurde es durch mehrere Blog-Einträge des schwedischen Agile Coaches Henrik Kniberg, der lange mit der

Firma Spotify zusammengearbeitet hat, welche hier im Original zu finden sind.

 https://blog.crisp.se/2012/11/14/henrikkniber g/scaling-agile-at-spotify

 https://blog.crisp.se/2014/03/27/henrikkniber g/spotify-engineering-culture-part-1

 https://blog.crisp.se/2014/09/24/henrikkniber g/spotify-engineering-culture-part-2

Aufgrund der Einfachheit des Modells mit dem Potential dennoch auch große Entwicklungsorganisationen abbilden zu können, entwickelte es sich sehr schnell zu einem einfachen Muster, um -auch große Organisationen- agil gestalten zu können, wozu es aber nie gedacht war:

 Richtigstellung unter:
https://blog.crisp.se/2015/06/07/henrikknib erg/no-i-didnt-invent-the-spotify-model

Da das Spotify-Framework nie als Modell oder Blaupause für andere gedacht war, ist es auch nicht vollständig an einer Stelle dokumentiert, sondern wird oft in kurzen Blog-Artikeln angesprochen bzw. ausschnittsweise beschrieben. Interessant an der Entwicklung von Spotify ist, das auch dieses Unternehmen, obwohl 2006 als agiles Start-Up gestartet, schon wenige Jahre später als mittelständisches Unternehmen mit einigen hundert Mitarbeitern die gleichen Herausforderungen hatte, wie traditionelle Unternehmen: Wenn mit großen Entwicklungsmannschaften große Produkte entwickelt werden sollen, funktionieren einfache agile Methoden nicht mehr.

Und gerade wegen der scheinbaren Einfachheit sehen viele Unternehmen, die bislang wenig Erfahrungen mit Agilität und insbesondere skalierter Agilität hatten, dieses Modell als Wunderwaffe für die Herausforderungen, die durch Globalisierung, Digitalisierung und immer schneller werdende Geschäftsmodelle entstehen.

Erstmalig tauchte der Begriff des sog. "Spotify-Modells" in einer Case Study der Strategie-Beratung McKinsey auf, die eine Einführung einer agilen Transformation ab dem Jahr 2015 bei der niederländischen ING-Bank durchgeführt hat:

 https://www.mckinsey.com/industries/financia l-services/our-insights/ings-agile-transformation

Wenig später schrieb sich die deutsche Tochter der ING, die ING-DiBa, eine große deutsche Direktbank mit über 50-jähriger Historie die Mission "1. agile Bank Deutschlands" seit dem Jahr 2017 auf die Fahnen, siehe

 https://www.ing.de/ueber-uns/menschen/agile-bank

Dies führte zu einer großen öffentlichen Aufmerksamkeit in Deutschland und insbesondere in der Deutschen Bankenlandschaft und wenig später, ab 2018, führte auch die

noch traditionellere deutsche Commerzbank im Rahmen ihres Innovation-Bereichs des "Digitalen Campus" mit mehreren Tausend Mitarbeitern ein ähnliches Modell ein, siehe

 https://www.faz.net/aktuell/wirtschaft/digitec /digital-campus-commerzbank-nimmt-sich-spotify-als-vorbild-15737992.html

Im Internet finden sich noch weitere Quellen zu deutschen Großunternehmen, die das Modell eingeführt haben z.B. die Deutsche Telekom AG.

 https://www.welove.ai/de/blog/post/spotify-modell-im-einsatz-bei-telekom.html

Da der Transfer von nicht für die Nachahmung gedachten Ideen aus einem sehr agilen (und digitalen) Umfeld zur Lösung von heutigen Problemen in großen traditionellen Unternehmen eingesetzt wird, die oftmals eine sehr lange und erfolgreiche Unternehmensgeschichte, Tradition und Kultur haben, die konträr zur Firma Spotify stehen, haben wir uns zu diesem Projekt entschlossen.

Wir wollen zum einen die Ideen im Spofity-Framework verständlich beschreiben, aber auch auf die Grundlagen und Rahmenbedingungen, die den Ursprüngen zugrunde liegen, näher eingehen. Gerade diesen Grundlagen wird unserer Meinung, als agile Berater und Transformationsbegleiter, nach viel zu wenig Aufmerksamkeit geschenkt, weshalb bei einigen Implementierungsversuchen, die wir im Markt sehen, sich der gewünschte Erfolg nicht einstellt oder man von einem Stolperstein zum nächsten hüpft.

Um es konkret auf den Punkt zu bringen: Das Spotify-Framework ist eine Arbeitsmethodik, um agil bestimmte Ideen schneller in wertvolle Produkte umzusetzen, aber kein Allheilmittel um die angesammelten Unternehmensdefizite der letzten Jahre "einfach zu lösen", auch wenn sich das viele Unternehmen wünschen.

2 HISTORY

Das Unternehmen Spotify A.B. wurde von Daniel Ek und Martin Lorentzo 2006 in Stockholm gegründet und startete 2008 seinen Musik-Streaming-Dienst auf dem Markt.

Ende 2019 benutzten 271 Millionen Nutzer weltweit das Angebot von Spotify. Es kann in 79 Ländern weltweit genutzt werden und hat ein Angebot von über 50 Millionen Titeln.

Dabei können diese Titel sowie zusätzliche Themen-Podcasts über unterschiedliche Endgeräte z.B. PCs mit einem Web Player sowie iOS- oder Android-Geräte gehört werden. Auch kann Spotify über weitere Endgeräte, wie Spielkonsolen (z.B. Microsoft X-Box oder Sony Playstation) genutzt werden.

Der Spotify-Dienst basiert auf einem Freemium-Geschäftsmodell, d.h., der Basis-Dienst ist kostenfrei (free) für die Benutzer, ein erweiterter Dienst ist als Premium-Version im Abo-Modell für ca. 10 EUR pro Monat verfügbar. Außerdem sind noch vergünstigte Varianten für ganze Familien oder Studenten verfügbar.

Der Anteil der zahlenden Abonnenten liegt bei ca. 45 Prozent (siehe https://de.wikipedia.org/wiki/Spotify Stand 05/2020), was für ein Freemium-Modell sehr hoch ist. Dies liegt wahrscheinlich an der hohen Affinität der jungen Zielgruppe am Produkt und dem günstigen und unkomplizierten Abo-Modell mit hohem praktischen Wert der Nutzer und dem emotionalen Gut "Musik".

2.1 Entwicklung des agilen Spotify-Framework

Aufgrund der Start Up-Gründung im Jahr 2006 mit vielen jungen motivierten Entwickler wurden vom Beginn an agile Methoden, vor allem Scrum für die Produktentwicklung eingesetzt.

Da die jungen Entwickler von Spotify, die auch selbst Kunden des eigenen Produkts waren, von Beginn an auf guten Qualität und Benutzbarkeit der Produkte und technische Exzellenz geachtet haben und konsequent den Wert für den Nutzer im Fokus hatten, wuchs Spotify schnell als Unternehmen und auch die Nutzerzahlen.

Damit stand Spotify ab dem Jahr 2012 vor einem Wachstumsproblem, als man ungefähr 30 verschiedene agile Teams hatte, die gemeinsam an den Lösungen für den Kunden arbeiteten. Das Produkt und die Systemlandschaft darunter sind aufgrund des schnellen Wachstums kompliziert geworden und das Ausliefern neuer Versionen dauerte immer länger, da sich Abhängigkeiten und Bottlenecks im Prozess eingeschlichen hatten. Alles Probleme, die viele Unternehmen haben, die schnell wachsen.

Genau hier setzen skalierte agile Methoden ein, da es bei der Skalierung nicht darum geht den autonomen agilen Teams ihre Freiheit zu nehmen, diese müssen aber alle in die gleiche Richtung am gleichen Ziel arbeiten, was als "Alignment" bezeichnet wird. Das folgende Diagramm zeigt anschaulich, was bei unterschiedlichen Ausprägungen von Autonomy (Freiheit) und Alignment (Ausrichtung) passieren kann:

Abbildung 2: Matrix von Alignment und Autonomy

 Quelle:
http://www.barryovereem.com/alignment-vs-autonomy/

geringes Alignment / geringe Autonomy	Jeder wartet auf Anweisungen, die Richtung ist unklar, daher sind die Mitarbeiter unzufrieden und der Output gering.
	Beispiel hierfür ist ein ungesteuerter Prozess, bei dem weder einzelne Aufgaben noch ein Ziel klar ist.
hohes Alignment / geringe Autonomy	Der Boss definiert die Richtung und genau das „Wie" und alle richten sich danach. Die Mitarbeiter sind unzufrieden und das Ergebnis nur so gut, wie das vorgegebene

	"Wie". Die Kreativität der Mitarbeiter wird nicht genutzt. Beispiel hierfür ist ein klassisch hierarchischer Prozess, bei dem die Inhalte nicht von den Ausführenden selbst kommen, sondern exakt vorgegeben werden.
geringes Alignment / **hohe** Autonomy	Der Boss hält sich zurück und lässt die Mitarbeiter einfach machen. Die Mitarbeiter sind glücklich, entwickeln aber in unterschiedliche Richtungen, da das gemeinsame Ziel nicht bekannt ist, womit gute Einzelergebnisse zu einem schwachen Output führen. Einfache agile Methoden, wie Scrum betonen hier die Autonomy der einzelnen, allerdings funktioniert dies in komplexen Umfeldern nicht, da hier alle Beteiligten auf ein Ziel ausgerichtet sein müssen.
hohes Alignment / **hohe** Autonomy	Der Boss definiert ein Ziel, lässt den Teams aber Freiheit bei der Definition des „Wie". Die Mitarbeiter können eigene Ideen entwickeln, kennen aber ein gemeinsames Ziel, das erreicht werden soll. Dies ist exakt das Vorgehen von agil-skalierten Methoden wie SAFe® oder Spotify, die eigenverantwortliche Arbeit wünschen, aber trotzdem ein übergeordnetes Ziel formulieren.

Insbesondere durch den Einstieg anderer Unternehmen in den Onlinemusik- und Streaming Markt, musste Spotify weiter schnell wachsen, um die eigene Marktführerschaft zu verteidigen bzw. weiter auszubauen und entwickelte dann schließlich eigene Ideen, um trotz des Wachstums an Mitarbeitern, weiterhin schnell hochwertige Produkte liefern zu können und auf neue Kundenanforderungen bzw. Bewegungen in den Märkten schnell reagieren zu können.

Hier noch einmal die Situation bei Spotify, die bei der Entwicklung des eigenen skaliert-agilen Ansatzes vorlag:

- Start Up mit keiner langen (belastenden) Historie
- Modernes Management mit agilem Mindset
- Junge motivierte Entwickler, die ihr Produkt lieben und selbst Kunden sind
- Entwicklung von Anfang an mit Scrum
- Wert-Orientierung/Value-Denke und gute technische Expertise der Entwickler vorhanden
- Alle Entwickler sitzen an einem Ort zusammen (Co-Location)
- Schnell geschäftliche Erfolge (Wachstum) notwendig wg. der Beteiligung von externen Investoren
- Konkurrenzdruck durch den Einstieg von weiteren Playern in den Musik-Streaming-Markt

3 AGILES MINDSET

Ein wichtiger Faktor - wenn nicht der wichtigste - bei der Einführung von Agilität und eines agilen Skalierungsmodells ist das richtige Mindset von Personen, Gruppen und der gesamten Organisation und insbesondere des oberen Managements, welches oft die Vorteile einer solchen ernten möchte, aber nicht immer den richtigen Boden dafür bereitstellt.

Dies liegt daran, dass agile Methoden nicht einfach nur eine Änderung der Arbeitsmethodik sind, wie der Wechsel von bspw. PRINCE2 auf PMI. Sondern eine Änderung im Mindset von allen Beteiligten notwendig macht.

Insbesondere die Faktoren „kontinuierliches Lernen", „Fehler zulassen" und aus diesen lernen sowie „schnell kleine Entscheidungen treffen" und viele Experimente (mit ungewissem Ausgang) durchzuführen, sind hierfür notwendig. Dies widerspricht oft den Mustern einer traditionellen Unternehmenskultur.

3.1 Growth/Fixed-Mindset

Die amerikanische Psychologin Carol Dweck unterscheidet hier zwischen einem statischen und einem dynamischen Mindset. Bei einem statischen Mindset (Fixed Mindset) werden vor allem feste Regeln und Rahmenbedingungen beachtet und wenig ausprobiert und Fehler bzw. riskante Aktionen generell vermieden.

Bei einem dynamischen Mindset (Growth Mindset) werden gern und häufig Experimente gemacht, Fehler zum Lernen genutzt und kontinuierliche Verbesserung angestrebt und auftretende Probleme als Motivation zum Finden neuer Lösungen gesehen.

Natürlich begünstigt ein Growth-Mindset die Einführung und den Erfolg von Agilität massiv, bzw. ist essenziell dafür.

Weitere Informationen dazu unter

 https://ed.stanford.edu/faculty/dweck
oder diesen YouTube-Video:

 https://www.youtube.com/watch?v=M1CHPn
ZfFmU

3.2 Die 5 Dysfunktionen eines Teams

Ein anderes Model, welches prüft, ob eine Organisation die notwendigen Kompetenzen für die Einführung von Agilität ist, sind die sog. "5 Dysfunktionen eines Teams" des amerikanischen Unternehmensberater Patrick Lencioni. Dieser hat sich Teams auf unterschiedlichen Management-Ebenen von Unternehmen angesehen und dabei 5 Funktionen ausgemacht, die erfolgreiche Teams ausmachen, bzw. die in nicht-erfolgreichen Teams stark ausgeprägt sind, daher 5 Dysfunktionen:

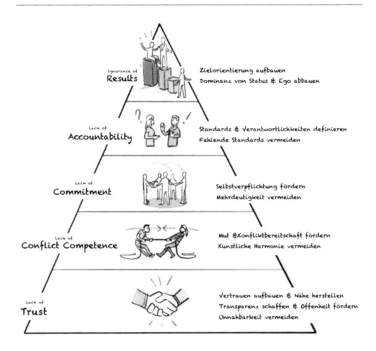

Abbildung 3: Die 5 Dysfunktionen eines Teams

Fehlende Ergebnisorientierung (Inattention to Results)	Steht ein Team vor einer Aufgabe, so hat oftmals jedes Teammitglied auch eigene Ziele und Vorstellungen und gemäß dem Leitsatz "ein Team ist mehr als die Summe der Teammitglieder" müssen persönliche Interessen zugunsten des Teams und der Teamziele auch mal zurückgestellt werden. Hier stehen oftmals persönliche Ziele aufgrund von Bonus- oder Vertragsregelungen

	den eigentlichen Teamzielen entgegen.
Scheu vor Verantwortung (Avoidance of Accountability)	Wenn man als Team an einer neuen Aufgabe arbeitet, wird diese nicht automatisch zum Erfolg führen und oft wird dann schnell nach Ausreden oder "Schuldigen" für das Misslingen gesucht, anstatt gemäß agiler Prinzipien die Situation gemeinsam zu analysieren, sich als Team gemeinsam verantwortlich zu fühlen und in kleinen Schritten Verbesserungen einzuleiten um das zuvor beschriebene Commitment dennoch in der Zukunft zu erreichen.
Fehlendes Engagement (Lack of Commitment)	Wenn mehrere Menschen an einer Aufgabe arbeiten, kann dies einfach als "Arbeitsauftrag" angesehen werden, die man halt ausführt oder man begeistert sich für die Herausforderung, nimmt diese ernst und fühlt sich dieser verpflichtet, was man im Agilen als "Starkes Commitment des ganzen Teams" bezeichnet, aber in Teams natürlich nicht immer so ist.
Scheu vor Konflikten (Fear of Conflict)	Sobald mehrere Menschen enger zusammenarbeiten kommt es unweigerlich auch zu Konflikten zwischen den Teammitgliedern, was auch nicht tragisch ist, sofern diesen offen angesprochen und gelöst werden. Oftmals versuchen traditionelle Organisationen diese

	aber totzuschweigen, was Teams dann in der Zusammenarbeit hemmt oder gar auseinandertreibt.
Fehlendes Vertrauen (Absence of Trust)	Grundlage eines teamorientierten Handelns sollte das Vertrauen der Teammitglieder untereinander sein, d.h. die Kommunikation ist offen und transparent und bei einzelnen Aufgaben wird nicht alles en detail geplant, sondern man lässt einen anderen auch "einfach mal machen" und vertraut auf ein gutes und richtiges Resultat.

Weitere Informationen dazu unter

https://www.tablegroup.com
oder folgenden YouTube-Video:

https://www.youtube.com/watch?v=Ro0NBg Ho_a8

sowie im Buch: **Die 5 Dysfunktionen eines Teams**, Patrick M. Lencioni:
https://amzn.to/3d5li9J

3.3 Psychologische Sicherheit

Eine Grundvoraussetzung für agiles Arbeiten ist das Vertrauen (Trust) zwischen der Führung und den Mitarbeitern sowie innerhalb eines Unternehmens. Ein Konzept, welches dieses noch einmal sehr schön beschreibt ist die "Psychological Safety" innerhalb einer Organisation der Harvard-Professorin Amy C. Edmundson.

Dieses Konzept beschreibt den Zustand, dass in einer "Angstfreien Organisation" (Fearless Organization) wirklich jeder seine Meinung äußern kann, ohne mit Konsequenzen rechnen zu müssen oder auch nur schief angeschaut zu werden.

Ein anschauliches Beispiel, woran man erkennen kann, ob "psychologische Sicherheit" in einem Unternehmen vorliegt ist z.B. folgendes: Man stelle sich vor ein neuer Mitarbeiter der erst seit wenigen Tagen im Job ist, vermutet in einer alltäglichen Arbeitssituation sei einer anderen weit ranghöheren Person, z.B. dem Vorgesetzten, ein Fehler passiert, der zu einem Schaden in der Organisation führt. Traut sich jetzt der neue Mitarbeiter die andere Person einfach auf das Fehlverhalten anzusprechen? Eigentlich sollte dies kein Problem sein:

- Ist tatsächlich ein Fehler passiert, so sollte der Ranghöhere diesen eingestehen und sich bei dem neuen Mitarbeiter für das offene Ansprechen und die Möglichkeit, den Fehler noch schnell beheben oder korrigieren zu können, bedanken.
- War die Einschätzung des neuen Mitarbeiters, dass ein Fehler passiert sei falsch, so sollte diesem erklärt werden, warum es sich dabei um keinen Fehler handelt, so dass dieser etwas für die Zukunft lernt.

Oftmals wird aber der vermeintliche Fehler aus Angst vor Repressalien oder weil "es sich nicht gehört einen anderen zu kritisieren" erst gar nicht angesprochen, womit weder ein mögliches schnelles Beheben noch weiteres Lernen ermöglichst wird, was beides Grundvoraussetzungen für Agilität sind. Die gemachten Erfahrungen haben hier ein entsprechendes Mindset gebildet.

Ein solches Mindset ist leider nur in wenigen großen Unternehmen zu finden, da dort oftmals eine "Obrigkeitshörigkeit" herrscht.

Weitere Informationen unter

 https://www.hbs.edu/faculty/Pages/profile.aspx?facId=6451

3.4 Wert-orientiertes Denken

Ein weiterer Aspekt eines agilen Mindset ist das Streben nach dem kontinuierlichen Schaffen von Kundenwert. D.h. die gesamte Organisation wird darauf ausgerichtet regelmäßig hohen Wert für die Kunden zu liefern, um diese zufriedenzustellen, aber auch die eigene Marktposition zu stärken. Dabei ist der Kundenwert das höchste Ziel - und nicht das lokale Optimieren von einzelnen Stellen oder Teilprodukten, die nicht direkt einen höheren Kundenwert liefern, weil an anderen Stellen Engpässe bestehen, auf die diese Optimierung sich nicht auswirkt.

Dabei geht es nicht mehr darum einen Plan für ein Vorhaben zu verfolgen, sondern vom und mit dem Kunden zu lernen.

Plan-getrieben	Wert-getrieben
Ein Plan kann unterschiedliche Ziele haben z.B. auch das Gewinnmaximieren oder Ausnutzen von Marktchancen.	Der Kunde und der Nutzen für den Kunden stehen im Mittelpunkt.
Ein Plan gibt die Auslieferungen vor, die zeitlich nicht getaktet sind und auch sehr weit in der Zukunft liegen können.	Der Kunde wird häufig in kurzen Intervallen beliefert und direkt nach Feedback gefragt.
Ein Plan bzw. Anforderungen geben den Inhalt von Produkten vor und Änderungen sind nicht willkommen, da sie Auswirkungen auf geplanten Aufwand, geplantes Budget oder Lieferdatum haben	Kundenfeedback wird gerne entgegengenommen und möglichst zeitnah in neuen Versionen umgesetzt.
Gefertigte Teilstücke und interne Kontrollen durch Quality Gates oder Status-Berichte geben scheinbare Sicherheit auf dem richtigen Weg zu sein.	Nur die Auslieferung eines funktionierenden, benutzbaren Produktes ist das Ziel, unfertige oder nicht vollständig funktionierende Produkte sind nichts wert.
Pläne basieren auf einzelnen Teilen, die von unterschiedlichen Unternehmensteilen gefertigt werden, die über die gesamte Organisation verteilt sind und auf die nur begrenzter Einfluss vom Anforderer oder Projektverantwortlichen	Der gesamte Entwicklungsprozess wird auf die schnelle Auslieferung von Produkten mit Wert für den Kunden ausgelegt und alle notwendigen Einheiten organisatorisch an einer Stelle

geltend gemacht werden kann, wozu es zu Verzögerungen kommt.	zusammengebracht, die das Produkt aus einer Hand liefern.

3.5 Spotify Mindset

Die Firma Spotify hatte sich schon früh mit dem Thema Mindset beschäftigt und zunächst ein eigenes Manifest, ähnlich dem bekannten "Agilen Manifest" entwickelt.

2013 stellten Sie das Spotify Manifest als Grundlage der eigenen Arbeit auf:

Agile à la Spotify (the skinny)

Continuous improvement

At Spotify, part of my work is to look for ways to continuously improve, both personally, and in the wider organization.

Iterative development

Spotify believes in short learning cycles, so that we can validate our assumptions as quickly as possible.

Simplicity

Scaling what we do is key to Spotify's success. Simplicity should be your guidance during scaling. This is as true for our technical

---

solutions, as for our methods of working and organizing the organization.

Trust

At Spotify we trust our people and teams to make informed decisions about the way they work and what they work on.

Servant leadership

At Spotify managers are focused on coaching, mentorship, and solving impediments rather than telling people what to do.

 Quelle:
https://labs.spotify.com/2013/03/20/agile-a-la-spotify/

In diesem Spotify Manifest finden sich zum einen Elemente aus Scrum als Entwicklungsmethode als auch die notwendigen Kompetenzen für Agilität in der Gesamtorganisation.

Spotify-Mindset

2016 wurde ‚the skinny' dann weiterentwickelt zum „**Spotify Mindset**":

Spotify-Mindset

innovative (innovativ)
We're all pioneers.

We're original and creative in our thinking. To us, innovation is a default mind-set – a hard wired desire to improve things.

collaborative (kollaborativ)
We're all Spotify.

We're stronger together. The better we collaborate, the more effective we are. When we're working well across functions, we're unstoppable.

sincere (ehrlich)
We mean it.

The best relationships are based on mutual trust and respect. We want to be fair and transparent in everything we do. We don't micro-manage, we trust each other to do a great job.

passionate (leidenschaftlich)
We feel it.

We're proud of what we've achieved, and passionate about where we're going. We like being bold. We're not afraid of taking big bets, or getting them wrong. We all share a passion to learn and grow.

playful (verspielt)
We say yes to fun.

Let's be honest, we have bands playing in the office – it kind of sets the tone. We're a playful company and a playful brand. We always have been. We never take ourselves too seriously.

Quelle:
https://hrblog.spotify.com/2016/09/02/spotif
ys-core-values/

Dies kann als schönes Beispiel für die Eigenschaften eines zuvor beschriebene agilen Mindset angesehen werden.

4 GRUNDMUSTER AGILER ARBEIT

4.1 Warum skalieren?

Das Spotify-Framework lässt Ihnen genügend Freiraum, um die Bedürfnisse Ihrer Organisation in das Framework zu transportieren. Bevor Sie mit der Einführung beginnen, müssen Sie herausfinden, welche Grundmuster für Ihre Organisation relevant sind. Davon wird es abhängen, wie Ihr skaliertes Framework am Ende aussehen wird (bzw. mit welchem Setup Sie starten - wo Sie am Ende raus kommen können Sie bei einer agilen Reise nur schwer sagen).

Die erste Frage, die Sie sich stellen müssen: warum brauche ich eigentlich ein skaliertes Framework?

Hier gibt es grundsätzlich zwei Gründe, wie Malte Foegen und Christian Kaczmarek in Ihrem Buch „Organisation in einer digitalen agilen Zeit" beschreiben:

1. **Produktbreite**: Es gibt verschiedene Produkte/Services, die von unterschiedlichen Teams betreut, bzw. entwickelt, werden. Die Teams arbeiten an einem Produktportfolio, um ein gemeinsames strategisches Ziel zu erreichen. Die Teams haben also unterschiedliche Backlogs, die aufeinander abgestimmt sind aber sich in der Regel nicht gegenseitig beeinflussen. Als Beispiel können Sie einen Automobilhersteller nehmen: es gibt eine große Anzahl an verschiedenen Modellen vom Kleinwagen bis zum Transporter, sie verfolgen aber ein gemeinsames strategisches Ziel. Es ist wichtig, dass die verschiedenen Modelle sich ausreichend unterscheiden ohne Lücken zu hinterlassen, um so auf ein abgestimmtes

Produktportfolio zu kommen. Dieses Setup bezeichnen wir als **Organisation**.

2. **Produkttiefe**: Es gibt nur ein Produkt/Service, welcher aber so komplex und vielschichtig ist, dass es verschiedene Teams braucht um das komplette Produkt (oder Service) zu liefern. Diese Teams haben ein gemeinsames, übergeordnetes Backlog, welches in die Teambacklogs herunter gebrochen wird. Die Teambacklogs haben also deutlich größere Abhängigkeiten, was eine intensivere, taktische Abstimmung zwischen den Teams nötig macht. Um bei dem Automobilhersteller zu bleiben: für ein Model wird es unterschiedliche Komponenten geben: Karosserie, Motor, Elektrik, etc. Damit hier am Ende der Motor auch in den Motorraum passt müssen sich die Teams eng koordinieren. Dieses Setup bezeichnen wir als **Einheit**.

Beide Konstellationen benötigen ein passendes Setup. Wenn die Teams sich nur gelegentlich für eine strategische Abstimmung synchronisieren müssen dürfte ein tägliches "Scrum-of-Scrums" nur wenig hilfreich sein.

Natürlich gibt es auch die Kombination aus beiden Varianten - in vielen Unternehmen ist dies vermutlich der Fall. Um beim Automobilhersteller zu bleiben: Bis auf weniger Anbieter haben alle diversen Modelle im Angebot, diese wiederum Teams für einzelne Komponenten haben. Dieses Setup bezeichnen wir als **große Organisation**.

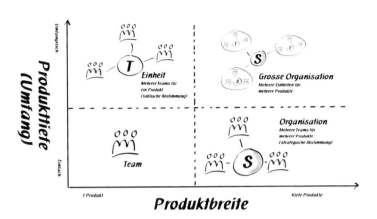

Abbildung 4: Produktbreite/Produkttiefe

Als Henrik Kniberg seinen Blog veröffentlicht hat, war Spotify eher im Quadranten unten rechts angesiedelt:

"The product owners of different squads collaborate with each other to maintain a high-level roadmap document that shows where Spotify as a whole is heading, and each product owner is responsible for maintaining a matching product backlog for their squad"

Wenn Ihre Organisation sich in einem anderen Quadranten befindet, können Sie das Spotify Framework also nicht direkt bei sich anwenden, einfach weil Ihre Anforderungen an den Prozess anders sein werden. In der Zwischenzeit ist das Unternehmen Spotify deutlich gewachsen und befindet sich im Quadranten oben rechts und musste sein damaliges Arbeitsmodell entsprechend erweitern. Im Folgenden zeigen wir Ihnen, welche Muster in welchem Quadranten in Erscheinung treten und welche Möglichkeiten Sie haben, das Spotify Framework auf Ihre eigenen Bedürfnisse anzupassen.

An dieser Stelle eine Frage zum Nachdenken, die Sie mit Sicherheit auch in ihrem Unternehmen beschäftigen wird: Was wäre grundsätzlich das bessere Setup für eine agile Organisation:

1. Für jede Komponente wie Motor, Elektrik, Karosserie, Entertainment etc. gibt es Expertenteams, welche die Expertise der jeweiligen Komponente bündelt und so die Ressourcen optimal nutzen kann. Wenn ein Projekt ein Modell weiterentwickelt, wird die Kapazität geplant und dem Projekt zugeordnet.

2. Für jedes Modell gibt es ein Team, welches cross-funktional die benötigte Expertise vereint - also Experten für Elektrik, Karosserie, etc. besitzt. Somit kann das Team ohne große Ressourcenplanung eigenständig seine Arbeit planen.

Vermutlich haben Sie Variante 2 genommen. Variante 1 ist in klassischen Unternehmen die Regel - ich kann mich noch mit Schrecken erinnern, wie wir bei einem meiner ehemaligen Arbeitgeber die halbjährliche Planungsrunde über 4 Abteilungen hinweg gemacht haben – eine Gruppe gut bezahlter Manager hat sich wochenlang damit beschäftigt, welcher Mitarbeiter wann in welchem Projekt tätig sein wird. Dies hat niemandem Spaß gemacht und der Planung war meistens nach wenigen Wochen schon wieder hinfällig: Projekt A verschiebt sich, Projekt B kommt zu spät und Projekt C will mehr Scope haben, dazu hat Mitarbeiter x gekündigt. Dann haben wir hektische ad hoc Planung betrieben und Mitarbeiter sowie Budgets hin und her geschoben - und am Monatsende die Zahlen so frisiert, dass wir keinen Stress mit unseren Controllern bekommen. Der Planungsaufwand war es also nicht Wert und Transparenz, die notwendig ist um einen Konzern zu steuern war auch nur eine Illusion. Zum Glück haben unsere Konkurrenten ihren Job genauso schlecht gemacht wie wir.

Variante 2 hat allerdings auch ihre Tücken: was passiert, wenn ich 10 Modelle habe, aber nur 6 Motorenexperten? Wie verhindere ich, dass Team A in zeitkritischen Top-Prio Themen versinkt und Team B mit Prio 3 Themen entspannt vor sich hinarbeitet?

Mit diesen Fragestellungen werden Sie sich in der Transition beschäftigen müssen. Die schlechte Nachricht: es gibt keine allgemein gültige Blaupause und es ist eher unwahrscheinlich, dass Sie die perfekte, alle Inkonsistenzen ausschließende Organisation finden. Die gute Nachricht: wenn Sie auch die Transition agil durchführen ist dies auch nicht notwendig - wenn Sie auf allen Ebenen Retrospektiven nutzen, auf Ihre Mitarbeiter hören und sich die Organisation kontinuierlich weiter entwickelt, wird sich Ihre Organisation von alleine in die richtige Richtung bewegen. Und das Beste: mit dieser gelebten Praxis kann Ihre Organisation auch relativ leicht auf geänderte Rahmenbedingungen reagieren - Willkommen in der VUCA Welt!

Das Akronym VUCA setzt sich aus den vier Begriffen Volatilität, Unsicherheit, Komplexität und Ambiguität zusammen:

- **Volatilität** (volatility) beschreibt die Schwankungsintensität über den zeitlichen Verlauf. Leicht verständlich wird es am Beispiel von Aktienkursen: Innerhalb eines kurzen Zeitraums stark schwankende Aktienkurse zeigen sich als „scharfe Zacken" im Verlaufs-Chart. Je höher die Volatilität, desto stärker und „zackiger" die Ausschläge.
- **Unsicherheit** (uncertainty) beschreibt in diesem Modell die Unvorhersagbarkeit von Ereignissen. Je mehr „Überraschungen" der Kontext bereithält, desto unsicherer ist dieser.

- **Komplexität** (complexity) wird durch die Anzahl von Einflussfaktoren und deren gegenseitiger Abhängigkeit bzw. Interaktion beeinflusst. Je mehr Interdependenzen ein System enthalten, desto komplexer ist es. Der Begriff „komplex" ist dabei vom Begriff „kompliziert" zu differenzieren – auch wenn beide oft fälschlicherweise äquivalent benutzt werden. Ein kompliziertes System kann man vereinfachen, ohne die interne Struktur des Systems zu zerstören. Beispiel: ein unübersichtlicher mathematischer Bruch wird durch Kürzen vereinfacht. Ein komplexes System hingegen wird zerstört, wenn man versucht, dieses zu vereinfachen – z.B. durch Zerlegen.
- **Ambiguität** (ambiguity) beschreibt die Mehrdeutigkeit einer Situation oder Information. Selbst wenn viele Informationen vorhanden sind (i.S.v. sicher und vorhersagbar), kann die Bewertung derselben immer noch mehrdeutig sein. „Und was heißt das jetzt?", ist eine typische Frage in solchen Situationen, selbst wenn eigentlich „alle Fakten auf dem Tisch liegen". Kommunikationssituationen beinhalten häufig ein hohes Maß an Ambiguität. Zu allem Überfluss ist dies den Beteiligten jedoch vielfach nicht einmal bewusst.

 Quelle: https://www.vuca-welt.de/woher-kommt-vuca-2/

4.2 Skalierung der agilen Rollen

Es gibt immer wieder Situationen, in denen zwischen verschiedenen Interessen abgewogen werden muss. Bspw. hat ein Projektleiter Budgetziele und Termine einzuhalten. Dies widerspricht oft dem Ziel des Teams, etwas "richtig" zu machen und keine Workarounds zu bauen, die zu technischen Schulden führen. Technische Schulden sind all die kleinen Abkürzungen und unsauberen Implementierungen, die zwar schnell gehen, aber die Komplexität und Fehleranfälligkeit des Produkts erhöhen und die Wartbarkeit reduzieren - die Anfangs eingesparte Arbeit muss das Team später mit Zins und Zinseszins wieder aufwenden.

In klassischen Unternehmen trifft der Projektleiter die Entscheidung, welches Interesse Vorrang hat. Er löst den Konflikt mit sich selbst und die Entscheidung wird eher von seiner persönlichen Situation abhängen und weniger nach objektiven Gesichtspunkten: kriegt er gerade Druck vom Management wegen des Budgets? Wird er zukünftig für das Produkt verantwortlich sein oder ist sein Job nur "Liefern"?

Scrum hat das Konzept der Gewaltenteilung eingeführt, welches mittlerweile in den meisten agilen Frameworks übernommen wurde. Die Verantwortung wird zwischen den Rollen aufgeteilt. Dies hat einen massiven Vorteil: Interessenkonflikte werden ausdiskutiert und damit transparent gemacht - eine Entscheidung ist damit besser ausgewogen.

Die agilen Rollen entsprechen 3 wesentlichen Interessen:

- **An den richtigen Dingen arbeiten**
  Dies macht der Product Owner indem er sicherstellt, dass das Backlog mit den Kundenbedürfnissen synchronisiert und entsprechend priorisiert ist:
  - o Erstellt und kommuniziert die Vision und Richtung
  - o Priorisiert Backlogeinträge
  - o Versteht die Nutzer und den Markt
  - o Unterstützt die strategische Ausrichtung des Unternehmens

- **Die Dinge richtig machen**

  Dies macht das Team, indem es Workarounds
  vermeidet und das Produkt regelmäßig optimiert:
  - o Erstellt das Produkt oder den Service
  - o Arbeitet selbstorganisiert
  - o Verbessert das Produkt und baut technische
    Schulden ab - bei DevOps Teams werden
    20% bis 30% für dieses Housekeeping
    vorgesehen.

- **Die Dinge schnell liefern**

  Dies macht der Agile Master, indem er die
  Feedbackschleife etabliert und darauf achtet, dass
  Impediments aus dem Weg geräumt werden. Hier ist
  wichtig zu verstehen, dass schneller nicht nur meint,
  die Effizienz zu erhöhen (also mehr Code pro Stunde
  o.ä.), sondern durch schnelle Feedbackschleifen das
  Produkt oder der Service schneller dahin gebracht
  werden, dass sie für den Kunden einen Wert haben.

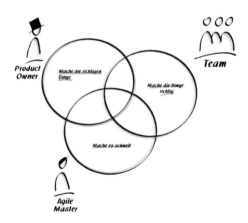

Abbildung 5: Die agilen Rollen

Der Vorteil der transparenten und ausgetragenen Interessenkonflikte ist für sich genommen schon ein massiver Vorteil gegenüber der "Head of" Leitungsfunktion. Es gibt noch einen weiteren Vorteil, der mittelfristig die Unternehmenskultur im Sinne der 5 Dysfunktionen massiv positiv beeinflusst: alle Mitarbeiter müssen Verantwortung übernehmen und können sich nicht mehr darauf verlassen, dass die Führung da oben schon das richtige entscheidet.

Dieses Muster der Gewaltenteilung wird auf skalierter Ebene fortgeführt. Die skalierten Frameworks nutzen hier unterschiedliche Begriffe und die Aufgaben und Verantwortlichkeiten werden unterschiedlich betrachtet, im Kern bleibt die Gewaltenteilung aber in allen Frameworks bestehen.

4.3 Skalierung des agilen Takts

Takt ist eines der Grundprinzipien in agilen Frameworks. Bei Scrum ist der Takt klar durch den Sprint gegeben, bei Kanban je nach Ausprägung durch das Queue Replenishment Meeting oder anderen, regelmäßigen Events. Takt - oder Rhythmus - sorgt für Verlässlichkeit: wenn ein Sprint immer 2 Wochen dauert wird das Team relativ schnell lernen, wie viel Arbeit es in dieser Zeit realistisch schafft. Damit werden das Planen und Lernen erleichtert.

Das gleiche Muster wird auch auf skalierter Ebene angewendet - in regelmäßigen Abständen treffen sich die Teams um die Ergebnisse abzugleichen, die weiteren Lieferungen abzustimmen und deren Zusammenarbeit zu optimieren. Damit die Teams ihre Arbeit koordinieren können ist ein gemeinsamer

Takt essentiell um gemeinsam die Lieferung zu planen und unnötige Wartezeiten zu minimieren.

5 ÜBERSICHT SPOTIFY FRAMEWORK

In dem ursprünglichen Blog von Henrik Kniberg wurdendie Einheiten Squad, Tribe, Chapter und Gilde sowie die hierfür notwendigen Rollen beschrieben:

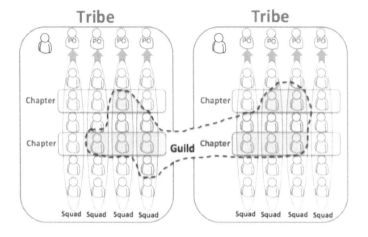

Abbildung 6: Struktur von Tribes

Henrik hat die Grundzüge der Spotify Organisation beschrieben - es ist ein Gerüst, welches bei einer Umsetzung im eigenen Unternehmen gefüllt werden muss. Deswegen ist es wichtig, die Muster aus dem vorherigen Kapitel hinter den Rollen und Prozessen zu kennen - ansonsten besteht die große Gefahr, dass die bestehenden Lücken mit "alten" Strukturen gefüllt und damit die Vorteiles einer agilen Organisation wieder verloren gehen.

An dieser Stelle soll noch einmal ausdrücklich darauf hingewiesen werden, dass jede agile Organisation sich permanent aus sich selbst heraus verändert, da sich ständig neue Erkenntnisse ergeben und die Rahmenbedingungen veränderlich sind.

Hier die Links der zugehörigen Blog-Einträge:

 https://blog.crisp.se/2012/11/14/henrikkniberg/scaling-agile-at-spotify

 https://blog.crisp.se/2014/03/27/henrikkniberg/spotify-engineering-culture-part-1

 https://blog.crisp.se/2014/09/24/henrikkniberg/spotify-engineering-culture-part-2

5.1 Squad

Die Basis-Einheit in der Entwicklung. Ein Squad ist vergleichbar mit einem Scrum Team und soll sich für die Mitarbeiter wie ein Mini-Startup fühlen. Es besteht aus 5-9 Mitarbeitern - wenn ein Team größer wird steigt die Anzahl der Kommunikationskanäle, ab 7 Personen sinkt die Effizienz schneller als der Outcome steigt - das Team wird ineffizient (vgl. Em Campbell-Pretty: Tribal Unity: Getting from Teams to Tribes by Creating a One

Team Culture). Das Squad sitzt zusammen und hat alle Fähigkeiten und Werkzeuge, die benötigt werden, um Design, Entwicklung, Test und Release in die Produktion eigenständig durchzuführen. Dies ist wichtig, um zeitraubende Handover von Arbeitspaketen zu minimieren - eine der größten Quellen für Fehler und Wartezeiten und damit lange Durchlaufzeiten. Das Team ist selbst-organisiert und entscheidet selber über die Art und Weise, wie es arbeitet. Dies kann Scrum sein, Kanban oder eine Mischung verschiedener Ansätze.

Jedes Squad hat ein langfristiges Ziel wie bspw. eine App zu verbessern, Backend-Systeme zu skalieren oder Zahlungsmöglichkeiten anzubieten. Das Ziel kann also an einem Feature oder einer Komponente orientiert sein, aber auch Kundensegmente können eine sinnvolle Unterteilung sein. Squads sind in der Regel stabil mit wenig Wechseln der Mitarbeiter. Dadurch wächst das Team zusammen und kann seine Performance steigern. Eine temporäre Zuordnung wird nach Möglichkeit vermieden, kann aber nötig sein, falls bspw. eine bestimmte Fähigkeit nur temporär gebraucht wird oder in der Organisation nur sehr begrenzt verfügbar ist.

Für das Ziel wird auch häufig der Begriff *"Purpose"* verwendet. Deswegen wird in einigen Unternehmen auch der Begriff Purpose Team statt Squad verwendet.

Das Bild aus dem Blog von Henrik Kniberg zeigt ein mögliches Setup der Squads:

Abbildung 7: Squad-Setup bei Spotify

Die Squads werden ermutigt, Lean Startup Prinzipien anzuwenden, wie die Nutzung von MVPs (Minimum Viable Products). Um Lernen und Innovation zu fördern nutzt jedes Squad etwa 10% seiner Zeit für "Hack Days". Während dieser Hack Days kann jeder an Themen arbeiten, für die er sich interessiert. bspw. neue Ideen ausprobieren oder ein Stück Code verbessern, wofür sonst nie die Zeit ist. Sofern das Squad ein DevOps Team ist (also auch für den Betrieb verantwortlich ist) sollten 20% bis 30% für Hack Days und Bereinigung technischer Schulden eingeplant werden. Dies wird bei faktisch allen Einführungen "vergessen" - hier zeigt sich oft das noch nicht passende Mindset: diese 10% bis 30% werden von vielen Managern (aber auch Mitarbeitern) als nicht-produktive Zeit wahrgenommen, dabei ist dies die beste Quelle für Performanceoptimierungen und Innovationen - und dies ist doch meisten der Grund, warum ein Unternehmen agil arbeiten möchte und sich für die Spotify Referenz entschieden hat. Man gibt durch diese Reduzierung eines der Schlüsselelemente, die Spotify groß gemacht haben, auf.

Damit ein Squad performant arbeiten kann benötigt es eine entsprechende Umgebung. Einige Unternehmen sehen hier die Ausstattung im Vordergrund - aber ein Unternehmen wird nicht agil, nur weil es plötzlich eine Kaffeelounge mit Sesseln und einem Tisch-Kicker gibt. Wichtiger sind folgende Aspekte:

Für jedes Squad gibt es einen eigenen Arbeitsbereich:

1. Gemeinsamer Arbeitsbereich

   Es gibt Unternehmen, die nutzen die agile Transition dazu, Ihren Office Bereich wirtschaftlich zu optimieren: plötzlich gibt es keine festen Arbeitsplätze mehr, sondern jeder muss morgens seinen Trolley holen und zusehen, wo noch ein freier Platz ist. Dieses konterkariert die Bemühungen, agil arbeiten zu wollen! Ein agiles Team sollte konstant zusammensitzen um möglichst effizient zu arbeiten.

2. Schreibtischbereich

   Normaler Arbeitsbereich - in der Praxis haben sich ein großer Tisch bewährt, an dem das gesamte Team sitzen und arbeiten kann. Dadurch werden die Kommunikation und Synchronisation gefördert.

3. Kleiner Arbeits- und Meetingraum

Dieser Raum kann für Meetings oder Telefonate genutzt werden, um den Rest der Squads nicht bei der Arbeit zu stören, bzw. als Arbeitsraum, falls jemand mal einige Stunden hochkonzentriert arbeiten muss. Damit sind nicht die kleinen Telefonzellen gemeint!

4. Lounge Area

2-3 Sessel und ein kleiner Tisch - fertig ist der kleine Bereich für ein entspannte Gespräche ohne gleich das gesamte Squad zu stören - aber dessen Beteiligung ermöglicht.

5.1.1 Spezifische Rollen auf Squad Ebene

Product Owner

Ein Squad hat keinen formalen Squad Leiter, sondern einen Product Owner. Der Product Owner ist verantwortlich für die Priorisierung der Arbeit des Teams, aber er ist weder methodisch noch technisch darin involviert, wie das Team die Arbeit umsetzt. Die Product Owner der verschiedenen Squads arbeiten zusammen um eine High-Level Roadmap zu erstellen und zu dokumentieren, wo die Gesamtreise hingeht - jeder Product Owner ist verantwortlich sein Produkt in Richtung des übergreifenden Ziels zu definieren und das Squad Backlog entsprechend zu erstellen.

Der Product Owner:

- maximiert den Business Value durch entsprechende Priorisierung
- stellt sicher, dass alle funktionalen und nicht-funktionalen Anforderungen der Stakeholder dem Squad transparent sind
- kann in einigen Fällen für mehrere Squads als Product Owner agieren - dies kann insbesondere bei Squads sinnvoll sein, die ein gemeinsames Ziel haben aber zu groß sind, um in einem Squad zu arbeiten (>9 Personen)

Scrum Master/Agile Coach

Bei Spotify ist kein dedizierter Scrum Master vorgesehen. Stattdessen werden die operativen Aktivitäten durch das Squad selber übernommen und das Squad hat Zugriff auf einen Agile Coach, welcher dem Squad hilft, der Arbeitsweise zu verbessern und bei den agilen Events unterstützt und ggf. moderiert. Der Agile Coach wird in einem folgenden Kapitel noch genauer beleuchtet.

Bei Teams mit wenig agiler Erfahrung hat dieses Setup eher Probleme gebracht - zu schnell schleichen sich wieder alte Verhaltensmuster ein. Ein mögliches Vorgehen bei der Etablierung von neuen Squads wird beim Agile Coach beschrieben.

Weitere Rollen

können bei Bedarf dediziert benannt werden, je nach Ziel des Squad. Als Beispiel (mögliche) Rollen für ein eCommerce-Squad:

User Experience Experte

kombiniert Markt und Nutzerinterface Expertise. Erstellt Wireframes, Mock-Ups und einfache Prototypen. Sammelt Nutzerfeedback und kanalisiert dieses in Änderungsvorschläge.

Data Analyst

hat Expertise im Marketing und Datenmanagement. Ist verantwortlich für die Beschaffung und Analyse von internen und externen Daten um daraus wertvolle Einsichten für das gesamte Squad zu generieren. Er entwickelt Algorithmen um Kundenbedürfnisse vorherzusagen bzw. umgesetzte Maßnahmen zu evaluieren.

5.2 Tribe

Ein Tribe ist eine Sammlung von Squads um einen übergreifenden, relativ stabilen Sinn (Purpose) zu erreichen. Die Tribes kooperieren bei der Lösung gemeinsamer Themen. Der Tribe unterstützt die Squads in der Erreichung ihrer Ziele und organisiert entsprechende Bedingungen. Innerhalb eines Tribes werden unterschiedliche Ansichten zur Arbeitsweise und Inhalten gefördert und ausdiskutiert um zum besten Ergebnis zu kommen.

Die Größe eines Tribes orientiert sich an der Dunbar Zahl. Das ist jene Anzahl an Menschen, die sich in einem Kollektiv noch kennt und zusammengehörig fühlt. Dies sind rund 150 Menschen, wobei Spotify selber die Tribes auf 100 Personen beschränkt. Wenn eine Einheit größer wird verlieren die Menschen die Verbindung und die Gruppe tendiert dazu Regularien und Prozesse einzuführen, um das Fehlen des sozialen Korrektivs auszugleichen. Mit Geschwindigkeit als Ziel ist dies kontraproduktiv.

Die Squads der Tribes kommen regelmäßig zusammen, um zu teilen, woran sie arbeiten, was geliefert wurde, was man voneinander lernen kann usw.

Zum Vergleich: in Bedeutung und Funktion kann man einen Tribe mit dem Agile Release Train im SAFe®-Framework vergleichen. Im LeSS Framework am ehesten mit einer Product Area.

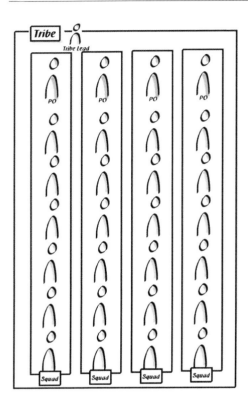

Abbildung 8: Ein Tribe

Weitere Informationen unter:

https://de.wikipedia.org/wiki/Dunbar-Zahl

und im Buch: **Tribal Unity: Getting from Teams to Tribes by Creating a One Team Culture**, Em Campbell-Pretty: https://amzn.to/36xQCeW

5.2.1 Spezifische Rollen auf Tribe Ebene

Tribe Lead

In den meisten skalierten Frameworks wird Gewaltenteilung aus Fachlicher Führung (Product Owner), Methodischer Führung (Scrum Master) und Umsetzungsführung (Team) auch auf skalierter Ebene fortgeführt. Bei Spotify wird dies nicht so konsequent gemacht. So ist der Tribe Lead Gesamtverantwortlich, die Aufgaben des Tribe Leads beinhalten somit eine Vielzahl von Themen:

- Erstellung und Kommunikation eines klaren Sinns für den Tribe und dessen Vision
- Setzen der Prioritäten im Tribe - die Priorisierung erfolgt auf strategischer Ebene, es werden keine konkreten Aufgaben oder Deliverables definiert. Dies passiert auf Squad Ebene!
- Sicherstellung des optimalen Staffings
- Verantwortet die Qualität aller Änderungen an den Applikationen und verbundener Daten
- Verantwortet die Mitigation von Risiken
- Definition von Test- und Deployment-Strategie des Tribes

Die allgemein propagierte Gewaltenteilung wird hier nicht fortgeführt. Diese wurde später durch die Einführung der Trios (nächstes Kapitel) weitest gehend wiederhergestellt.

Agile Coach

Der Agile Coach wird einem Tribe zugeordnet, gehört organisatorisch aber zu einem Center of Expertise (vgl. Kapitel

6 Erweiterung des Spotify Frameworks). Dadurch wird sichergestellt, dass der Agile Coach seine Rolle als unabhängiger Coach und Ratgeber wahrnehmen kann und nicht an Weisungen des Tribe Leads gebunden ist. Die Anzahl der Agile Coaches in einem Tribe hängt vom agilen Reifegrad des Tribes ab. Wenn die Squads neu geformt werden und die Mitarbeiter noch keine Erfahrungen mit Agilität haben ist eine dedizierte Zuordnung ratsam - also 1:1. nach rund 2 Monaten kann der Agile Coach die operativen Tätigkeiten an den Scrum Master bzw. das Team übergeben. Mittelfristig ist eine Rate von 1:3 bis 1:5 realistisch.

Neben dem Support der Teams liegt die Hauptaufgabe in Weiterentwicklung des Tribes (Prozesse, Kultur, Organisation) und der Moderation der übergreifenden Tribe Events.

5.2.2 Abhängigkeiten zwischen den Squads

Eines der größten Probleme in klassischen Organisationen sind tlw. extrem lange Durchlaufzeiten - Aufgaben mit 2 Tage Arbeit können Wochen oder Monate dauern. Diese sind in Abhängigkeiten zwischen den Teams und den damit verbundenen Handover und Wartezeiten begründet. Hierzu ein Beispiel aus der gelebten Praxis:

Ich habe vor einigen Jahren ein Projekt im Bereich Reporting mit Scrum durchgeführt. Nach einiger Zeit ist mir aufgefallen, dass das Team die User Stories oft in 2 Teilstories aufgeteilt hat: Konzept und Umsetzung. Das war natürlich nicht im Sinn von "Wert für den Kunden liefern". Der Grund war ganz einfach: das Team benötigt Daten aus einem transaktionalen System. Um an die Daten zu kommen musste jedes Mal eine Anforderung an eine andere Abteilung gestellt werden. Diese hatte einen SLA von 6 Wochen, die hatten ihre eigenen Aufgaben und nicht auf uns gewartet - das hat sich natürlich nicht mit einem Sprint von

2 Wochen vertragen. Deswegen musste das Team immer erst ein Konzept schreiben, um die Anforderung an die andere Abteilung geben zu können und dann bis zu 6 Wochen warten, bis es an dem Report weiterarbeiten konnte - ein Fest für jeden Agile Coach, der auf die Einführung des Flow-Prinzips und der Limitierung paralleler Arbeit (WiP, Work in Progress) achtet.

Das Interessante: Der SLA von 6 Wochen war schon immer da - er ist bloß nie aufgefallen, weil die Entwickler sich halt mit anderen Sachen beschäftigten - nur die Projektleiter haben sich immer gewundert, warum etwas so lange dauert. Erst mit der Einführung von Scrum ist uns diese Leerlaufzeit von Arbeit aufgefallen.

Um die Abhängigkeiten zwischen den Squads nachzuhalten werden diese regelmäßig überprüft. Es wird nicht möglich sein, jede Abhängigkeit auszumerzen, aber es sollten die eliminiert werden, die viele Teams aufhalten. Insbesondere Tribe übergreifende Abhängigkeiten führen zu einem erhöhtem Managementaufwand. Abhängigkeiten innerhalb eines Tribes werden zwar nachgehalten, aber nur angegangen, wenn diese zum Problem werden.

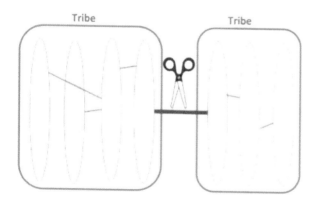

Abbildung 9: Verbindung zwischen zwei Tribes

Ein der bekanntesten Quelle für Probleme durch Abhängigkeiten ist die Aufteilung in Development und Operations. Der Einsatz von DevOps Praktiken kann hier helfen die Durchlaufzeiten signifikant zu verringern. Spotify hat hier einen anderen Weg gewählt: Operations ist immer noch ein eigenes Team, aber anstatt großen Release zu managen wird eine Architektur entwickelt, welche es den Squads ermöglicht eigenständig zu releasen. Sie unterstützen die Squads in Form von Infrastruktur, Scripts und Routinen. Die Aussage "building the road to production" erinnert stark an den Architectural Runway im SAFe®-Framework - auch was die Funktion angeht gibt es hier starke Parallelen.

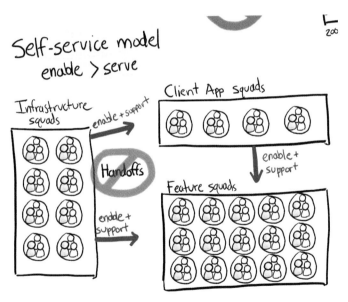

Abbildung 10: Self-service model von Spotify

5.3 Chapter

Die klassische Aufstellung der Teams nach Komponenten hat den Vorteil, dass die Expertise gebündelt ist, dass Wissen in der spezifischen Kompetenz leichter geteilt werden kann und die Mitarbeiter mit ähnlichem Wissen sich schnell gegenseitig unterstützen können. Mit der Umstellung auf Feature Teams - den Squads - gehen diese Vorteile verloren. Das kann sogar so weit gehen, dass für dasselbe Problem in 2 Squads völlig unterschiedliche Lösungen entwickelt werden. Einige Unternehmen nehmen dies sogar bewusst in Kauf - hier ist Geschwindigkeit wichtiger als Redundanzfreiheit. Um diesen Nachteil auszugleichen nutzt Spotify Chapter.

Ein Chapter ist die disziplinarische Linie der Squad Mitglieder. Hier versammeln sich Mitarbeiter (in der Regel um die 10 Mitarbeiter) mit ähnlichen Fähigkeiten die im selben Kompetenzbereich (oder Technologie) im selben Tribe arbeiten. Im Chapter werden die persönliche Entwicklung und professionelle Fähigkeiten organisiert. Sie sind der "Klebstoff", der die Squads und Mitarbeiter zusammenhält. Die Chapter erhalten die Vorteile von Komponenten Teams ohne die Autonomie der Squads zu gefährden.

Jedes Chapter trifft sich regelmäßig um Themen in ihrer Expertise und deren spezifischen Herausforderungen zu diskutieren.

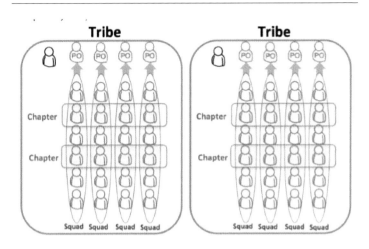

Abbildung 11: Tribe, Squad, Chapter

5.3.1 Chapter Lead

Der Chapter Lead ist der disziplinarische Vorgesetzte der Mitarbeiter mit allen traditionellen Verantwortlichkeiten:

- Planen und Nachhalten der Professionalisierung der Mitarbeiter
- Gehaltsverhandlungen
- Sicherstellen, dass die Mitarbeiter die richtigen Kompetenzen haben
- Kontinuierliche Weiterentwicklung der Mitarbeiter
- Etablierung von Standards im Kompetenzbereich des Chapters (bspw. Richtlinien zum UI Design)

Damit der Chapter Lead nicht den Bezug zur Realität verliert, arbeitet er auch Hands On als Mitglied eines Squads, was oft aber nur zu einem Anteil stattfindet. Die Chapter Leads sind disziplinarisch dem Tribe Lead zugeordnet.

5.4 Spotify nur eine Matrix Organisation?

Auf dem ersten Blick sieht das Spotify Setup so aus wie eine Matrix Organisation in der "Strong Matrix" Variante (vgl. PMBOK). Im Prinzip ist diese Feststellung auch korrekt, es gibt aber einen Punkt, der die Spotify Matrix so besonders macht:

Das Chapter hat keine Lieferverantwortung. Der Daseinszweck eines Chapters ist es, den Squads die nötigen Fähigkeiten und Ressourcen bereit zu stellen und nicht selber zu liefern und von den knappen Ressourcen noch etwas an die Squads abzugeben. Dadurch wird das für Matrix Organisationen typische Problem aufgelöst, dass die Mitarbeiter 2 Chefs haben und Ressourcen- und Priorisierungskonflikte in Erscheinung treten.

Durch die Aufteilung der Verantwortung in Was (Squad, PO) und Wie (Chapter, CL) wird das agile Muster der Gewaltentrennung auch auf Tribe Ebene umgesetzt. Durch den Agile Coach kommen jetzt noch die Methodik und die Feedbackschleifen hinzu.

 Weitere Informationen im **PMBOK - A Guide to the Project Management Body of Knowledge**, PMI: https://amzn.to/2Zz4qo2

5.5 Gilden

Das Konzept der Gilden ist im Buch „Management 3.0" ausführlich beschrieben - bei Spotify wird eine relativ einfache, aber effektive Variante genutzt. Gilden sind eine informelle, übergreifende Gruppe von Personen, die Ihr Wissen, Werkzeuge, Praktiken, etc. austauschen möchten. Während Chapter auf einen Tribe beschränkt sind können Gilden sich aus beliebigen Bereichen des Unternehmens zusammensetzen. Typische Beispiel sind Web Technologie, Tester oder Agile Coach Gilden. Oft tun sich auch artverwandte Chapter aus verschiedenen Tribes zusammen. Bspw. können alle Tester Chapter eine Gilde bilden, es können aber auch Personen aus nicht-Tester Chapter dieser Gilde beitreten.

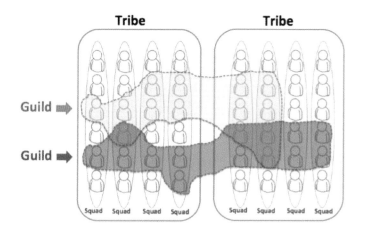

Abbildung 12: Gilden über Tribes

Obwohl eine Gilde nur informell ist und keine hierarchische Beziehung bestehen und sie keine formelle Kompetenz besitzt, können Gilden einen großen Einfluss auf die Arbeit des Unternehmens haben. So kann bspw. eine Gilde der Architekten die IT-Landschaft maßgeblich beeinflussen.

Weitere Informationen in den Büchern vor Jürgen Appelo:

 Management 3.0: Leading Agile Developers, Developing Agile Leader, Jürgen Appelo: https://amzn.to/2TIygml

Managing for Happiness: Übungen, Werkzeuge und Praktiken, um jedes Team zu motivieren, Jürgen Appelo: https://amzn.to/2TDx1EI

5.6 Das Problem mit der Führung

In den genannten Blogbeiträgen von Henrik Kniberg wird die Organisation in erster Linie aus funktionaler Sicht beschrieben. Wenn Sie dies auf Ihr Unternehmen mappen wollen, müssen Sie sich natürlich die Frage stellen, wie die disziplinarische Führung aussehen soll. Auf dem ersten Blick ist das Setup relativ einfach: Alle Squad Mitglieder sind in einem Chapter und sind disziplinarisch dem Chapter Lead zugeordnet. Die Chapter Leads berichten wiederum an den Tribe Lead.

Jetzt stellen sich relativ schnell einige Fragen:

- Wie koordinieren sich die Tribes untereinander? Wie wird hier die Synchronisation sichergestellt?
- An wen berichtet der Tribe Lead?
- Der Tribe Lead scheint sehr viele Aufgaben zu haben und die Führungsspanne könnte zum Problem werden:
    - bei einem Tribe von ~100 Mitarbeitern ist von rund 10 Chaptern und 10-12 Tribes auszugehen - also 10 Chapter Leads (CL) und 12 Product Ownern (POs). Die POs werden fachlich bzw. aus Business Sicht geführt – die disziplinarische Führung geht über den Chapter Lead. Das sind bis zu 22 Personen, die der Tribe führen muss. Die Erfahrung zeigt,

dass die meisten Menschen mit der Führung von mehr als 10 Personen überfordert sind, auch bei relativ selbstorganisierten Organisationen.

- o Er muss sowohl fachlich die POs führen als auch technisch die CLs. Dies hat den Reiz, dass die Führung nicht nur einseitig das Business oder die Technik sieht, ist aber eine große Herausforderung, weil hier eine sehr breite Expertise notwendig wird. Dies missachtet auch das Muster der Gewaltenteilung. Die Stärke der Spotify Matrix ist die Teilung der Verantwortung in Was und Wie - und beim Tribe Lead wird das wieder zusammengeführt.
- Der Agile Coach ist hier nicht eingeordnet. Wenn er an den Tribe Lead berichten sollte wird das Problem der Führungsspanne des Tribe Lead noch weiter verstärkt.
- Wie soll der Chapter Lead seine Mitarbeiter führen, wenn er nicht mit ihnen zusammen arbeitet - die sind in der Regel ja in anderen Squads?
- Die Entwicklung von Führungskräften wird schwierig: PO und CL führen in der Regel max. 10 Personen - der nächste Schritt wären über 100. Der Sprung ist also sehr groß und damit auch die notwendige Investition in Ausbildung und das Risiko, diese Investition zu verlieren, weil der Mitarbeiter den Sprung nicht schafft oder das Unternehmen wechselt.
- Wie sollen die Prozesse aussehen? Wie wird die Roadmap erstellt und kommuniziert? Wie kann sichergestellt werden, dass übergreifende Entwicklungen koordiniert werden?

Ihnen fallen sicher noch 100 weitere Fragen ein. Bei der Transition haben wir unterschiedliche Ansätze gesehen, wie diese und andere Fragen gelöst werden. Es gibt keine "Best Practice", Ihre Lösung wird immer von den

Rahmenbedingungen wie Produkttiefe und -breite (Kapitel 4), Kundenstruktur und nicht zuletzt der Unternehmenskultur abhängen. An dieser Stelle muss die Unternehmenskultur noch einmal heraus gestellt werden, da diese eine signifikanten Einfluss darauf hat, was überhaupt möglich ist: Mitarbeiter, die an die klare Führung mit einer Vorgaben und Richtlinien gewöhnt sind werden sich schwer damit tun, wenn Sie ihnen sagen: "Ihr seid jetzt selbst-organisiert, macht mal!". Das Ergebnis ist in der Regel Stillstand. Auf der anderen Seite: Falls in Ihrem Unternehmen schon lange selbst-organisiert gearbeitet wird und Sie "nur" skalieren müssen, werden zu viele Richtlinien und Vorgaben die Mitarbeiter eher ausbremsen und demotivieren. Spotify fand sich eher in der 2, Situation und hat stark auf Autonomie gesetzt - wo stehen Sie?

Im folgenden Kapitel wollen wir einige Ansätze und Ideen zeigen, die wir in der Praxis in verschiedenen Unternehmen begleitet haben. Dabei bedienen wir uns unserer langjährigen Erfahrungen sowie allgemeinen Mustern, wie sie auch in anderen skalierten Frameworks wie LeSS und SAFe® genutzt werden. Fühlen Sie sich ermutigt, im Rahmen der skalierten Muster Ihre eigene Lösung zu finden!

6 ERWEITERUNG DES SPOTIFY FRAMEWORKS

Das Spotify Framework, wie es in den meisten Publikationen gezeigt wird und als Blaupause in den meisten Unternehmen eingesetzt wird ist aus 2012 und war schon zum Zeitpunkt der Veröffentlichung veraltet:

We didn't invent this model. Spotify is (like any good agile company) evolving fast. This article is only a snapshot of our current way of working - a journey in progress, not a journey completed. By the time you read this, things have already changed.

Spotify ist seit 2012 von ~600 Mitarbeitern - also rund 6 Tribes - auf über 4.000 Mitarbeiter gewachsen - was 40 Tribes entsprechen würde. 6 Tribe Leads können sich noch abstimmen, bei 40 reicht das 2012 vorgestellt Setup auf keinen Fall.

Im ersten Abschnitt dieses Kapitels werden wir zeigen, wie Spotify die weitere Skalierung angegangen ist, im 2. Teil stellen wir eine Alternative vor - hier werden auch die tiefer gehenden Lösungsideen für praktische Probleme besprochen.

6.1 Weitere Entwicklung bei Spotify

6.1.1 Trios

Mit der Etablierung von Trios wurde die Gewaltenteilung auf Tribe Ebene wieder etabliert. Neben dem Tribe Lead gibt es noch einen Design Lead und Tech Lead. Kevin Goldsmith hat dies 2015 in einer Präsentation vorgestellt:

https://de.slideshare.net/kevingoldsmith/the-spotify-tribe-my-talk-from-spark-the-change

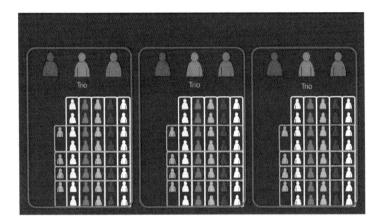

Abbildung 13: Spotify Trios pro Tribe

Tribe/Product Lead

Der Product Lead ist der PO auf skalierter Ebene. Verantwortlich für Customer Journeys, Business Prozesse, Produktentwicklung. Die Chapter Leads der eher Business-orientierten Chapter (bspw. die Product Owner) berichten an den Product Lead.

Tech Lead

Hier ist die technische Kompetenz versammelt, bspw. Web Entwickler & Datenbank Experten. Die Chapter Leads der IT Chapter berichten an den Tech Lead.

Design Lead

Bei Produkten mit starker Bedeutung von User Experience ist es wichtig, dass das User Interface harmonisiert ist - nicht, dass die Menü-Auswahl mal oben links mit 3 Punkten und mal unten rechts mit Dreieck platziert wird. Bei kleinere Tribes oder wenn UX nicht so relevant ist, kann es sinnvoll sein, Tech und Design Lead in Personalunion zu führen.

In dem Trio fehlt noch die "Geschwindigkeit" als dritte Gewalt - also der Agile Coach. Da der Agile Coach nicht in die disziplinarische Kette des Tribes eingebunden ist muss er auch nicht auf dem Organigramm erscheinen, in seiner Funktion als Enabler des Prozesses hat er einen maßgeblichen Einfluss auf die Arbeitsweise und Performance des Tribes und ist damit ein zentraler Bestandteil des Trios.

Im SAFe® Framework wird dies durch die 3 Rollen Product Manager (Product Lead), System Architect (Tech Lead) & Release Train Engineer (Agile Coach) abgebildet. Hier fehlt der Design Lead - das Thema User Experience wird hier explizit an andere Stelle platziert, um insbesondere die übergreifende Bedeutung abzubilden:

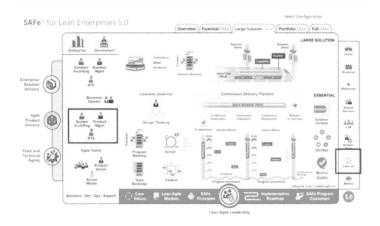

Abbildung 14: Das SAFe®-Framework

 Weitere Informationen unter:
https://www.scaledagileframework.com/

Je nach Ausgestaltung reduziert sich die Führungsspanne des Tribe Lead: statt der rund 22 Personen für einen Tribe mit 100 Personen auf etwa folgende Spannen:

- Tech Lead: 8-9 (technische CLs)
- Design Lead: 1-2 (UX CLs)
- Tribe/Product Lead: 10-12 (POs)

Ein weiteres übliches Vorgehen ist es, zwischen den POs und dem Product Lead noch einen Chief Product Owner zu nutzen, damit die fachliche Breite etwas reduziert wird. Im LeSS wäre das analoge der Rolle des Area Product Owners.

6.1.2 Alliance

Eine Alliance ist die organisatorische Klammer um sich nahestehende Tribes. Die Alliance wird wiederum von einem Trio geführt. Je nach Größe & Setup setzt sich das Alliance Trio aus Tribe Trios zusammen oder es sind dedizierte Führungskräfte.

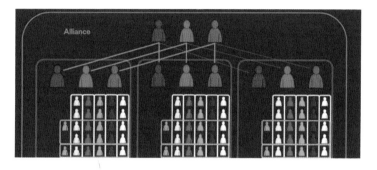

Abbildung 15: Spotify Alliance

6.1.3 Center of Expertise

Center of Expertise (CoE) werden bei Spotify nicht direkt beschrieben, tauchen aber immer wieder in diesem Kontext auf. Ihre Sinnhaftigkeit ist naheliegend, weil diese insbesondere während der Transitionsphase hin zu Agilität eine wichtige Brücke darstellen. Auch langfristig wird es nur wenige Organisationen geben, die ohne CoE auskommen und nur mit Squads arbeiten.

Abbildung 16: Das CoE in Tribes

Ein CoE sind Organisationseinheiten im Unternehmen, welche aus Personen mit spezialisierter, oft seltener, Expertise bestehen. Diese Personen können nicht komplett auf die Squads verteilt werden. Die CoE kann die Squads und Tribes auf 2 Arten unterstützen:

- Die Mitarbeiter werden temporär "ausgeliehen" und arbeiten regulär im Squad oder auf Tribe Ebene mit. Ein gutes Beispiel sind die Agile Coaches: Diese arbeiten auf Tribe Ebene an der ständigen Verbesserung der Squads und des Tribes - aber um ihre Integrität als Berater und Coach zu bewahren sind sie disziplinarisch nicht im Tribe sondern bilden eine eigenen Einheit - die CoE.

- Die CoE bietet einen Service an und bearbeitet Anfragen der Squads und Tribes. Ein Beispiel wäre eine CoE aus Textern im eCommerce.

Sofern ein CoE nicht aus strategischen Gründen existiert (wie bspw. die Agile Coach CoE), sollten diese nach Möglichkeit vermieden werden. Eine CoE transportiert alle Nachteile klassischer Organisationen in die agile Organisation und verringert dadurch den Nutzen einer Transition:

- Wenn Mitarbeiter ausgeliehen werden, muss das Squad warten, bis diese frei sind. Im Ergebnis werden wieder umständliche große Jahrespläne gemacht, welcher Mitarbeiter wann in welchem Squad arbeitet - die Halbwertszeit dieser mit hohem Aufwand erstellten Pläne ist bekannt niedrig und am Ende werden alle Squads ausgebremst.
- Wenn eine CoE als Serviceeinheit agiert, müssen auch wieder Ressourcenpläne aufeinander abgestimmt werden und Squads warten ständig auf den Rücklauf. Darüber hinaus sind (Übergaben) die größte Gefahrenquelle für Fehler und Missverständnisse - das Gegenteil von dem, was mit der Einführung einer agilen Organisation erreicht werden soll.

Um diese Art von Abhängigkeit zu minimieren, muss das Abhängigkeitsmanagement wie im Kapitel 5 Übersicht Spotify Framework beschrieben nachhaltig genutzt werden. 2 generelle Strategien, um die Abhängigkeiten zu reduzieren:

1. Die benötigte Expertise im Squad aufbauen. Nicht alles, was die Experten machen, bedarf der dedizierten Expertise. Vieles kann mit etwas Coaching und Training durch reguläre Squad Mitglieder selber gemacht werden. Wenn auch nur 40% der bisher ausgelagerten Aufgaben innerhalb der Squads gemacht werden können, hat man an dieser Stelle schon die Wartezeiten reduziert.

2. Den Squads Selfservice ermöglichen. Durch Automatisierung und Kompetenzänderungen können die Squads Aufgaben eigenständig abschließen. Das Beispiel von Spotify ist eine Architektur in welcher die Entwickler selber deployen und releasen können ohne auf die Kollegen des Operations Team warten zu müssen. Bei einem meiner vorherigen Arbeitgeber war mein Team nicht berechtigt, in einem anderen System einen „ungefährlichen Schalter" umzulegen. Bei einer Bank hingegen wurde es anderen Teams erlaubt, im System anderer Teams Änderungen vorzunehmen. Es gibt viele Möglichkeiten, Abhängigkeiten und unnötige Wartezeiten zu minimieren!

Center of Expertise Lead

Der CoE Lead führt die CoE fachlich und disziplinarisch und weicht damit deutlich von der agilen Gewaltenteilung ab. Der CoE Lead kann an einen Tribe Lead berichten (was bspw. bei den Agile Coaches nicht sinnvoll wäre, aber bei UX Experten denkbar ist) oder außerhalb der Tribe Organisation sein.

6.2 Weitere Konstellationen und Rollen

In der Praxis haben wir bei unseren Klienten sehr unterschiedliche Umsetzungen des Spotify Models gesehen. Im Folgenden einige Rollen, die sich bei verschiedenen Kunden als sinnvolle Ergänzung zu den bekannten Rollen gezeigt haben. Alle Rollen haben sich im Kontext der jeweiligen Unternehmen als sinnvoll erwiesen - aus Sicht eines Agile Coaches ist das Setup über Trios dem agilen Ideal der Gewaltenteilung am nächsten.

6.2.1 Area Lead

Der Area Lead kann zwischen die Chapter Leads und Tribe Leads geschaltet werden. Begründung für diese Rolle ist ähnlich wie beim Tech- und Design Lead, dass die Führung für einen Tribe Lead zu umfangreich ist und man damit die Führungsspanne und Breite des benötigten Know Hows reduzieren möchte. Im Gegensatz zum Trio Ansatz ist der Area Lead nicht gleichberechtigter Partner, sondern berichtet an den Tribe Lead - falls der Tribe durch ein Trio geführt wird, wäre der Tech- oder Design Lead der Vorgesetzte. Allerdings ist eine Kombination Trio und Area Leads in einem Tribe nicht so sinnvoll, weil die Führungsspanne sehr klein wird. Es kann mehrere Area Leads in einem Tribe geben. Allgemeine Aufgaben:

- Unterstützt den Tribe Lead bei der Definition der Ziele und (IT) Ausrichtung
- Leiter der zugeordneten Chapter Leads
- Verantwortlich für die Ausrichtung und Koordination der Chapter
- Spezifische Aufgaben aus der Rolle heraus, bei einem IT-Area Lead:

- o Verantwortlich für die Verwaltung der IT auf Tribe Ebene
- o Verantwortlich für die IT-Verfügbarkeit und das non-funktionale Anforderungen wie Compliance eingehalten werden

6.2.2 Chief Product Owner

Der Chief Product Owner unterhält die Kontakte zu externen Stakeholdern des Tribes und sichert die Synchronisation der Squads innerhalb des Tribes. Er koordiniert die Product Owner Tätigkeiten und Nutzeranforderungen. Ein CPO (oder mehrere) in einem Tribe kann in komplexen Situationen hilfreich sein, wenn viele Stakeholder mit teils sich widersprechenden Wünschen bestehen. Die CPOs berichten entweder direkt an den Tribe Lead (Achtung, Gewaltenteilung!) oder an einen Chapter Lead.

Diese Skizze zeigt schematisch ein mögliches Setup eines Tribes - die roten Linien zeigen die disziplinarische Orientierung, die grünen Linien die fachliche:

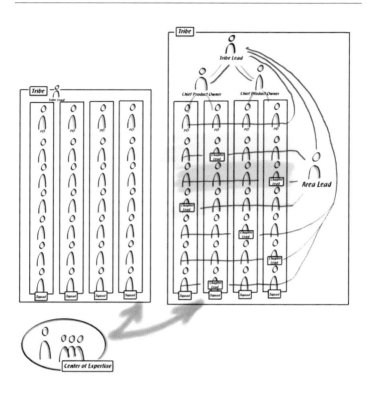

Abbildung 17: Area Leads in Spotify

- Die Squad Mitglieder berichten in ihrem Chapter an ihren Chapter Lead
- Die Chapter Leads berichten an den Area Lead
- Einige Chapter Leads berichten direkt an den Tribe Lead, weil diese technisch/fachlich zu weit auseinander liegen, als das es sinnvoll wäre diese unter einem Area Lead zu clustern.
- Der Area berichtet an den Tribe Lead. In einigen Unternehmen wird hier noch mal zwischen Business

und IT unterschieden, hier berichten nur die Business Areas an den Tribe Lead, die IT-Areas an einen IT Direktor. Dies ist vor allem dann sinnvoll, wenn die Harmonisierung der übergreifenden IT-Architektur höher bewertet wird als die Geschwindigkeit innerhalb der Tribes.

- Die Product Owner befinden sich üblicherweise in verschiedenen Chaptern - dies hätte allerdings die Zeichnung nicht mehr lesbar gemacht.
- Die fachliche Orientierung kommt vom Tribe Lead (Vision) und wird durch die Chief Product Owner mit ihren Product Ownern in taktische Ziele und operative Aufgaben / User Stories runter gebrochen.
- Der Agile Coach für den Tribe wird durch das Center of Expertise gestellt und berät/coached vom Squad Mitglied bis zum Tribe Lead.

6.2.3 Tribe Portfolio Manager

Der Tribe Portfolio Manager repräsentiert den Tribe im übergeordnetem Portfolioprozess der Tribes. Er ist im gewissen Sinne der Stellvertreter des Tribe Leads, wenn es darum geht, globale Initiativen in die Tribes runter zu brechen. Der Tribe Portfolio Manager berichtet an den Tribe Lead. Seine Aufgaben im Allgemeinen:

- Kümmert sich um die Commitments des Tribes gegenüber globalen, Tribe übergreifenden Initiativen.
- Hält das Delta zwischen Anforderungen und Lieferkapazität nach.
- Führt die Gespräche um diese Deltas zu schließen.

6.2.4 Global (Agile) Program Manager

Der Global Program Manager koordiniert die globalen, Tribe übergreifenden Programme. Der GPM berichtet entweder direkt an die Geschäftsführung oder ist in einem Center of Expertise, welches wiederum an die Geschäftsführung berichtet. Die Aufgaben beinhalten:

- Verantwortlich für die Umsetzung von großen, komplexen und kritischen Programmen
- Abstimmung mit anderen GPMs innerhalb und außerhalb des eigenen Programms
- Erstellung der Programm Roadmap
- Verantwortlich für kommerzielle Rollouts, Risiken, Compliance, etc.
- Ggf. Aufsetzen einer Alliance, wenn nötig/sinnvoll

7 DER FLOW

Der Arbeitsfluss wird von Spotify nur sehr rudimentär beschrieben. Bspw., dass sich die Squads in einem Tribe regelmäßig treffen und inhaltlich und prozessual abstimmen - aber wie das konkret aussieht ist nicht beschrieben, das definieren die Tribes unter sich.

Es gibt also nicht den Spotify Prozess. Um den richtigen Prozess, oder Flow, für eine Organisation zu finden, hat es sich als sinnvoll herausgestellt, sich an 3 Dimensionen zu orientieren:

1. Produktbreite
2. Produkttiefe
3. Unternehmenskultur

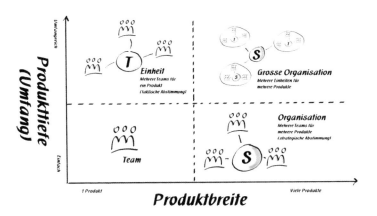

Abbildung 18: Produktbreite, Produkttiefe

Produktbreite und -tiefe wurden schon in Kapitel 4 angesprochen. Je nachdem, in welchem Quadranten sich Ihre Organisation befindet bedarf es unterschiedliche Abläufe um Produkte und Services zu liefern.

Die bestehende Unternehmenskultur hat Einfluss auf dem Detailgrad der Prozessvorgaben - Mitarbeiter in einer eher klassischen Unternehmenskultur erwarten in der Regel mehr Vorgaben, um eine strukturierte Arbeitsweise zu haben. Mitarbeiter, die schon länger im agilen Kontext arbeiten könnten sich durch zu viele Regeln eingeschränkt fühlen.

7.1 Flow für Einheiten

Squads in Einheiten (hohe Produkttiefe, wenig -breite) sind dadurch verbunden, dass sie gemeinsam an einem Produkt oder Service arbeiten. Sie haben also gemeinsame Anforderungen - technisch gesehen haben die Squads ein gemeinsames Backlog, welches in die einzelnen Squads runter gebrochen werden muss. Neben dem gemeinsamen Backlog habe die Squads auch starke inhaltliche und technische Abhängigkeiten: Schnittstellen und Funktionen müssen abgestimmt werden, durchgängige Prozesse sichergestellt und ein einheitliches UX gewährleistet werden. Bei einem Fahrzeugproduzenten muss der Motor in die Karosse passen…

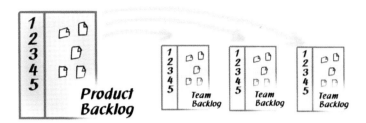

Abbildung 19: Produkt Backlog-Flow

Es besteht bei Einheiten also die Notwendigkeit, dass die Squads sich intensiv und häufig abstimmen. Deswegen ist es sinnvoll, dass die Squads einen gemeinsamen Zyklus etablieren, indem bestimmte Events gemeinsam durchgeführt werden. Weiterhin sollten die meisten Artefakte auch gemeinsam genutzt werden, ein gemeinsamer Takt ist ebenso essentiell. Welche Events konkret gemeinsam durchgeführt werden sollen, ist von der Komplexität des Produkts abhängig. Insbesondere kommt es darauf an, wie gut es gelingt die Abhängigkeiten zwischen Squads zu minimieren (vgl. Kapitel 05). Je weniger Abhängigkeiten es gibt, desto weniger müssen sich die Teams abstimmen. Als Blaupause kann hier gerne das LeSS Framework verwendet werden.

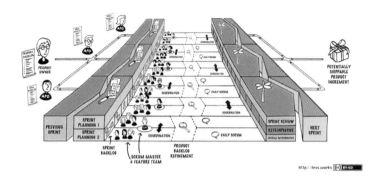

Abbildung 20: Das LeSS-Framework

 Weitere Informationen unter:
http://www.less.works

Gemeinsame Events

- Sprint Planning 1 (gemeinsame Planung der Sprintziele)
- Scrum of Scrums (tägliche Abstimmung zwischen den Teams)
- Sprint Review
- Gemeinsame Retrospective
- Gemeinsames Refinement

Teameigene Events

- Sprint Planning 2
- Daily Update
- Retrospektive

- Detail-Refinement

Dieses Diagramm zeigt das Schema: blau sind gemeinsame Events, grün teameigene Events

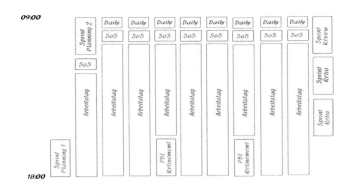

Abbildung 21: Überblick über Events

Dieser an Scrum orientierte Prozess kann auf der übergreifenden Produktebene durch eine Kanban-Variante abgedeckt werden. Auf Produktebene werden die übergreifenden Features über das Kanban-Board gezogen, im Refinement werden diese dann aufgesplittet und in eigene Swim Lanes für jedes Squad runter gebrochen (oder es erfolgt eine Unterscheidung mit farbigen Karten) und User Stories formuliert. Ob die Squads die Umsetzung dieser User Stories mit Kanban oder Scrum erfolgt ist zweitrangig und kann auch den Teams überlassen werden - wichtig ist der gemeinsame Takt zu regelmäßiger Synchronisation:

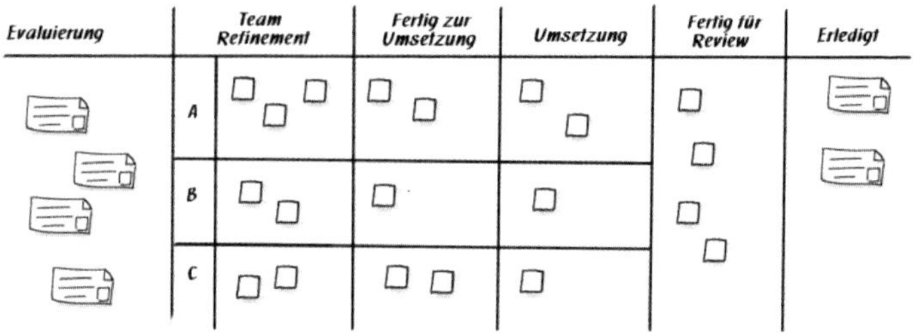

Evaluierung		Team Refinement	Fertig zur Umsetzung	Umsetzung	Fertig für Review	Erledigt

Abbildung 22: Story-Flow-Board

Durch Verbindungen mit Fäden bei einem physischen Board oder in Tools wie Jira oder Version One kann man recht einfach die Abhängigkeiten zwischen den User Stories und Teams darstellen. Diese Technik wird in SAFe® im PI Planning genutzt.

7.2 Flow für Organisationen

In diesem Quadranten (hohe Produktbreite, weniger -tiefe) haben die Squads zwar ein gemeinsames Ziel oder Vision, haben aber unterschiedliche Produkte. Die Synchronisation ist hier eher auf strategischer Ebene wichtig um zu verhindern, dass die verschiedenen Produkte sich zu stark überschneiden oder weiße Flecken im Portfolio entstehen. Das Backlog wird hier als weniger top-down runter gebrochen, sondern in den Squads durch die Product Owner auf Basis des Tribe und Squad Purpose/Vision erstellt und nach oben aggregiert. Die Abstimmung zwischen den Squads muss dementsprechend nicht so intensiv und regelmäßig stattfinden wie bei den Einheiten.

Somit bietet sich hier eine Synchronisation in Etappen an: Alle 2-3 Monate kommen die Squads zusammen um sich abzustimmen und auszutauschen. Weitere Synchronisationen zwischen den Teams erfolgen bei konkretem Bedarf, bspw. bei technischen Abhängigkeiten oder falls eine globale Initiative doch top-down Planung und Ausführung benötigen sollte - in diesem Fall sollten der Flow für Einheiten genutzt werden.

Diesen Weg geht SAFe® mit dem PI Planning (PI = Program Increment), es ist also sinnvoll, sich hier an einigen Abläufen zu orientieren:

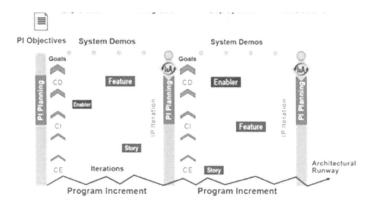

Abbildung 23: Der Team-Workflows in SAFe®

Weitere Informationen unter
http://www.scaledagileframework.com

Im PI Planning werden sowohl die bottom-up Planungen der Teams als auch die top-down Initiativen betrachtet und daraus ein Program Increment von 2-3 Monaten geplant. Somit wird eine längerfristige Planung auf abstrakter Ebene gemacht, die von den Squads im Verlauf des Increments weiter detailliert werden. Auch hier ist ein einheitlicher Takt der Squads notwendig um das PI drum herum planen zu können, aber auch gemeinsame "Zwischenplanungen" der Squads zu ermöglichen. Das PI, oder Etappe, um sich von der SAFe® Begrifflichkeit zu lösen, hat eine gemeinsame Planung, ein gemeinsames Review und eine gemeinsame Retrospective. Die Iterationen zwischen den Etappenwechseln werden durch die Squads eigenständig geplant und durchgeführt, weitere Abstimmungen mit anderen Squads erfolgen nur bei Bedarf.

Die Ausgestaltung, welches Event gemeinsam und welches nur auf Squad Ebene stattfindet kann relativ frei definiert werden.

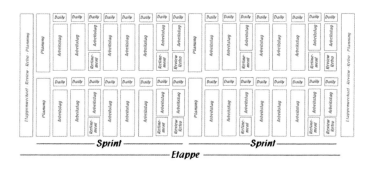

Abbildung 24: Squad-Events

Gemeinsame Events

- Etappen Planung (alle Squadmitglieder)
- Etappen Review (alle Squadmitglieder)
- Etappen Retrospektive (alle Squadmitglieder)
- Top-down Backlog Refinement für globale Initiativen (Product Owner & Vertreter aus dem Squad)

- ggf. Scrum of Scrums (Vertreter aus den Squads)

Squad Events

- alle regulären agilen Scrum/Kanban Events (Planning, Daily, Refinement, Review, Retrospektive) in den Iterationen

7.3 Flow für große Organisationen

Große Organisationen haben eine komplexe Kombination aus verschiedenen Einheiten, die sich intern taktisch synchronisieren müssen und verschiedenen Produkten, die strategisch abzustimmen sind. Hier ist eine Kombination der Flows der verschiedenen Quadranten notwendig.

Ein klares Muster oder Best-Practices sind hier schwer zu geben - zu differenziert sind hier die verschiedenen Unternehmen. Deswegen an dieser Stelle 3 allgemein gültige Ratschläge:

1. Eine Organisation, die klar am Wertstrom orientiert ist, reduziert die Komplexität durch Abhängigkeiten und erleichtert die Prozessgestaltung maßgeblich. Versuchen Sie als vor der Etablierung der Skalierung zu evaluieren, welche Produkte & Services Sie haben und richten Ihre Organisation darauf aus (das gilt im Großem wir im Kleinen). Eine gute Orientierung sind hier die Wertströme, also wie Wertschöpfung in Ihrer Organisation passiert. Eine Technologie ist nicht zwingend ein Produkt gegenüber dem Kunden!
2. Halten Sie sich an die agilen Prinzipien und vorgestellten Muster!

3. Suchen Sie sich Unterstützung von außen - Berater und Agile Coaches sind nicht ganz billig, aber wir haben schon mehrfach gesehen, dass sich eine Organisation mit über 1.000 Mitarbeitern innerhalb von 6 Monaten zweimal komplett reorganisieren musste, weil man dazulernen musste. Das kostet viel mehr!

7.3.1 Großgruppenevents

Manager in eher klassischen Unternehmen schrecken regelmäßig vor den großen Events wie beim Etappenwechsel zurück. Dieser kann 2 Tage in Anspruch nehmen (Review, Retro, Planung) und bei 100 Mitarbeitern wird schnell im Kopf gerechnet, dass da 200 Personentage (ggf. plus Reisen, Miete, etc.) alle 3 Monate "verschwendet" werden und bei so vielen Teilnehmern kann doch nichts sinnvoll bei rumkommen!

Diese Sichtweise ist gleich auf mehreren Ebenen problematisch:

1. Durch eine gute Vorbereitung und Moderation können auch 100 Personen und mehr konstruktiv und effizient Ergebnisse erreichen. Hierzu können Formate wie World Cafe, Open Space, Market Places, Ergebnispyramiden etc. eingesetzt werden.
2. Die Effizienzfixierung ist ein Irrweg - was nützt es einen, mit absoluter Effizienz in die falsche Richtung zu laufen? Lieber nur 80% Effizienz, aber sicherstellen, dass die Richtung stimmt (Effektivität). Und genau hierfür sind die Etappenplanungen gedacht. Wenn dies nur Vertreter machen würden, wäre dies am Ende nicht besser: diese müssen die Ergebnisse und Beschlüsse wieder in die Squads tragen - was ebenfalls Zeit kostet. Bei Rückfragen kommen dann gerne Punkte hoch, die vorher durch die Vertreter nicht berücksichtigt worden

- also entweder ignorieren oder mit hohem Aufwand nachträglich klären.
3. Durch diese Handovers und Filterungen durch die Vertreter werden immer Informationen verloren gehen - dies fällt in der Regel erst beim Konsolidieren der Ergebnisse am Ende der Etappe auf und Personentage, die man vorher gespart hat müssen für Korrekturen mit Zinsen aufwenden.
4. Insbesondere Abhängigkeiten, technisch und fachlich, können nur die Experten erkennen und einordnen - dafür müssen sie aber beteiligt sein!
5. Gerade in Zeiten der zunehmenden remote Arbeit ist es wichtig, dass sich die Mitarbeiter regelmäßig austauschen, nicht nur fachlich/technisch, sondern auch persönlich. Das zahlt natürlich auf die 5 Dysfunktionen ein und unterstützt damit eine offene Kultur. Ein Etappenwechsel ist hier ein hervorragendes Instrument.

7.4 Strategisches Portfolio Management

Mit der engen Taktung und den Etappen haben wir bereits erläutert, wie Arbeit in Tribes top-down und bottom-up organisiert werden kann. Die Squads und Tribes füllen ihre Backlogs auf Basis der Unternehmensstrategie und/oder übernehmen Teilaspekte einer globalen, Tribe-übergreifenden Initiative.

Jetzt ist noch die Frage: wo kommen Strategie und die übergreifenden Initiativen her?

In einer agilen Organisation wird auch dies geregelt, indem die agilen Prinzipien und Muster weiter skaliert werden.

- Die strategischen Ziele werden in der Strategieplanung definiert. Der Zyklus kann je nach Volatilität zwischen 6 Monaten und 2 Jahren sein. Die strategischen Ziele werden priorisiert und vor allem der Erfolg messbar gemacht. Die Einträge des Strategie Backlogs bezeichnen wir als Themes. Ein Theme kann durchaus größer sein als der Strategiezyklus ist. Um das Prinzip des Takts mit Inspect und Adapt zu berücksichtigen, werden die Themes in Epics runter gebrochen, Epics sind so "klein", dass sie in einen Strategiezyklus passen.
- Die Tribes - bzw. Alliances brechen diese in taktische Ziele herunter und priorisieren diese ebenfalls nach Einfluss auf die strategischen Ziele. Die Einträge im Taktik Backlog nennen wir Features.
- Die Squads greifen die taktischen Ziele auf und definieren für sich operative Ziele die in User Stories umgesetzt werden.

Die Grafik zeigt die verschiedenen Zeithorizonte und Ebenen, wo welcher Typ verortet ist. Wichtig ist hier auch, dass die Planung in der Zeitachse nach hinten immer weniger konkret wird, da die Planungszyklen kürzer werden und damit auf Änderungen einfacher reagiert werden kann. User Stories werden also eher selten schon 2 Etappen im Voraus geplant, Epics aber schon.

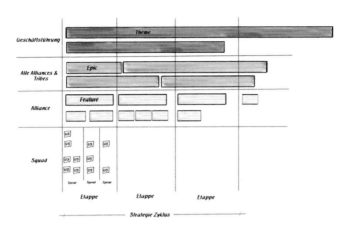

Abbildung 25: Artefakte auf unterschiedlichen Ebenen

Anmerkung:

Die Begriffe Themes, Epics und Features sind in Ihrer Bedeutung nicht wirklich genormt. Es hat sich zwar ein allgemeines Verständnis über die Bedeutung etabliert, aber im Detail unterscheidet sich die Definition sehr stark. Die Definitionen können also in ihrem Kontext komplett anders sein, sind deswegen aber nicht falsch.

Fazit

Wir haben Ihnen hier allgemeine Muster für die Umsetzung einer agilen Transition gezeigt mittels des Spotify Models gezeigt. Diese müssen auf das jeweilige Unternehmen, seinem Kontext und vor allem der Unternehmenskultur angepasst werden, damit die Transition ein Erfolg wird. Copy & Paste wird mit hoher Sicherheit scheitern - unabhängig davon, ob als Framework, Spotify, LeSS, SAFe®, Nexus oder was es sonst noch auf dem Markt gibt, gewählt wird.

Für den Erfolg einer agilen Transition sind vor allem 3 Aspekte wichtig:

- Die Organisation
- Die Prozesse
- Die Unternehmenskultur

Zu viele Unternehmen fokussieren sich auf die Organisation, stellen neu Tribes und Squads zusammen und sagen: "Ihr seid jetzt selbst-organisiert". Wenn sich allerdings das Führungsverhalten nicht ändert und Prozesse nicht agil gestaltet werden um eine lernende, sich weiter entwickelnde Organisation zu schaffen, wird sich unter der Oberfläche nichts ändern. Wir haben bei einem Unternehmen sehen müssen, dass das Etappenreview so ausgestaltet wurde, dass die Product Owner den Tribe Lead über den Stand der laufenden Projekte informieren mussten. Das Ganze ist zu einem Statusreporting verkommen, keine gemeinsame Planung, kein Austausch von Erkenntnissen. Das Ganze erinnerte ehe an klassische Zeiten, ein Status Meeting mit dem Vorgesetzten- Das Event wurde allgemein als Zeitverschwendung betrachtet und es wurden tagelang vorab PowerPoint Slides erstellt - mit einem Etappenreview hatte das wenig zu tun.

Bei einem anderen Unternehmen gab es die Aussage von der Geschäftsführung: "Wie machen jetzt agil - wer da nicht mit macht wird das Unternehmen verlassen müssen!" - so viel zu dem Wert Respekt - wenigstens war es offen.

Die Mitarbeiter werden hier in der agilen Transition keinen Mehrwert entdecken und nicht mittragen. Im nächsten Kapitel stellen wir Ihnen einige Strategien vor, die wir bei erfolgreicher Transition gesehen und eingesetzt haben.

8 HINWEISE ZUR TRANSITION

Da das Einführen des Spotify Frameworks ein großer Change für klassische Unternehmen ist, wohingegen es bei Spotify als Start-Up ja organisch gewachsen war, sollte auf das Thema "Change-Management" viel Wert gelegt werden.

Der amerikanische Change-Berater John P. Kotter empfiehlt für große Change-Vorhaben ein Vorgehen in 8 Schritten, denn ohne einen geplanten und geregelten Change-Prozess sind jegliche größeren organisatorischen oder arbeitsmethodischen Änderungen in Unternehmen zum Scheitern verurteilt. Bei Änderungen an der Organisation und in der Arbeitsweise müssen die Mitarbeiter die Hintergründe verstehen und diese unterstützen und nicht nur mechanisch das neue umzusetzen.

Da auch nicht alle Mitarbeiter Neuerungen oder Änderungen am Bewährten begeistert gegenüberstehen, gilt das gleiche, wie beider Neueinführung eines Produktes. Erst einen kleinen Teil der Organisation begeistern, die mit gutem Beispiel vorangeht und dann den Change in die anderen Teile der Organisation trägt. Und Change-Management braucht vor allem eine gute Change Kommunikation: Was machen wir gerade? Warum tun wir das gerade? Was ist der nächste Schritt? Was ist unser langfristiges Ziel und warum?

Der 8-Step-Change-Prozess nach John P. Kotter lautet:

- **Create a Sense of Urgency** - Stelle die Dringlichkeit da
- **Build a Guiding Coalition** - Forme ein mächtiges Change Teams

- **Form a strategic Vision & Initiatives** - Erschaffe eine Change-Vision und einzelne Initiativen dazu
- **Enlist a Volunteer Army** - Mobilisiere eine große Menge an Unterstützern für den Change
- **Enable Action by Removing Barriers** - Fördere das Auflösen von Behinderungen in Prozessen und Hierarchien der bisherigen Organisation
- **Generate Short-Term Wins** - Generiere kurzfristige Erfolge und kommuniziere diesen offen und wiederholt
- **Sustain Acceleration** - Beschleunige den Change-Prozess, starte weitere Initiativen bis die Ziel-Vision erreicht ist
- **Institute Change** - Kommuniziere den Erfolg durch die neuen Initiativen, dass diesen weiterlaufen bis alle alten Muster geändert sind.

 Weitere Informationen unter https://www.kotterinc.com/8-steps-process-for-leading-change/

8.1 Psychologische Eigentümerschaft

Frederic Laloux beschreibt in seinem Buch "Reinventing Organizations" wie wichtig es ist, dass die Mitarbeiter sich mit dem Unternehmen und dessen Zielen identifizieren und von der Transition überzeugt sind. Er nennt dies psychologische Eigentümerschaft.

Bei unseren Trainings und Coachings stellen wir zu Beginn die Frage: "Warum wollt Ihr agil werden?" - die Antwort ist bei deutlich über 50%: "Weil unser Management das so will." - das ist bestürzend! Da wagt ein Unternehmen einen tiefgreifenden Wandel, investiert viel Zeit und Geld und ist noch nicht einmal in der Lage seinen Mitarbeitern zu erklären, warum das Ganze eigentlich gemacht werden soll!

Wenn es Ihnen nicht gelingt, die Mitarbeiter von der Transition zu überzeugen, werden diese - wenn überhaupt - nur oberflächlich mitmachen. Das kann bei einigen Themen trotzdem funktionieren, aber nicht bei einer agilen Transition. Selbstorganisation kann nur funktionieren, wenn alle Mitarbeiter inkl. Führungskräfte sich auch psychologisch als Eigentümer sehen und somit das Ziel der Transition auch als ihr persönliches Ziel sehen. Ansonsten werden die Mitarbeiter zwar gerne die Freiheiten nehmen aber nicht die Verantwortung.

 Weitere Informationen dazu im Buch **Reinventing Organizations**: Ein Leitfaden zur Gestaltung sinnstiftender Formen der Zusammenarbeit, Frederic Laloux: https://amzn.to/36xREaO

8.2 Unternehmenskultur transformieren

Im vorherigen Kapitel haben wir die 3 Dimensionen besprochen, die bei einer agilen Transition im Einklang stehen müssen:

- Die Organisation
- Die Prozesse
- Die Unternehmenskultur

Organisation und Prozesse kann man am Reißbrett entwerfen und ausrollen - Unternehmenskultur nicht. Unternehmenskultur, bzw. die Haltung der im Unternehmen agierenden Menschen, kann nicht direkt geändert werden. Die Haltung (oder auch Mindset) ist aus gemachten, wiederholten Erfahrungen geprägt.

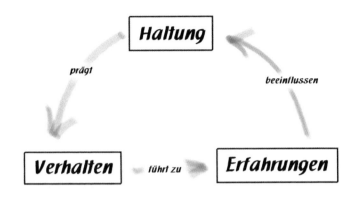

Abbildung 26: Haltung Verhalten Erfahrungen

Um das Mindset zu verändern müssen also die Erfahrungen verändert werden indem das Verhalten bewusst angepasst und durch Experimente unterstützt wird, um das Lernen zu verstärken. Kultur folgt Struktur! Dies dauert im Zweifel mehrere Jahre. Dies bedeutet auch implizit, dass es nicht gelingen wird, eine 100% klassische Organisation innerhalb von 6 Monaten auf 100% agil zu transformieren. Organisation und Prozesse können selbstverständlich entsprechend umgestellt werden - aber das Mindset wird nicht so schnell folgen und dann passen die Organisation und die Kultur nicht mehr zusammen. Logische Konsequenz: Widerstand und wertvolle Mitarbeiter verlassen das Unternehmen. Dies kann man gut an der ING sehen: die Mitarbeiterzufriedenheit ist in der agilen Transition erheblich zurück gegangen - von über 80% 2016 auf um die 50% in 2018.

 Weitere Details unter: https://finanz-szene.de/banking/ing-deutschland-mitarbeiter-moppern-gegen-radikalumbau/

Wenn nicht vornherein geplant ist, die Mitarbeiterzahlen zu reduzieren ist es empfehlenswert, die Anpassungen an Organisation und Prozesse iterativ zu machen: in Teilen anpassen, evaluieren, weitere Bereiche anpassen. Oder anders ausgedrückt: wenn das Ziel Agilität ist, sollte schon der Weg dahin agil sein.

Die Zeichnung zeigt einen Ansatz, der in der Regel recht gut funktioniert:

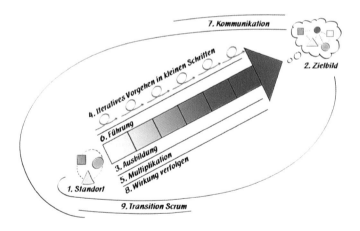

Abbildung 27: Change-Vorgehen

1. Standortbestimmung

   Es wird gemeinsam (also nicht nur Führungskräfte!) ein
   Status Quo erhoben: wie wird aktuell gearbeitet? Gibt
   es schon agile Teams oder Praktiken? Wie ist die
   Unternehmenskultur? Für die Standortbestimmung
   kann ein standardisiertes Interview mit Mitarbeitern
   verschiedener Hierarchiestufen genutzt werden, auch
   bei den 5 Dysfunktionen findet sich ein einfacher, aber
   treffender Fragenkatalog.

2. Gemeinsames Zielbild

   Ein gemeinsames Bild schafft ein gemeinsames Ziel.
   Dieses Ziel ist die Vision und damit grob - es wird auf
   keinen Fall schon die zukünftige Organisation, sondern
   was man erreichen möchte im Sinne der Arbeitsweisen
   aber auch messbare Werte wie Durchlaufzeiten oder
   Mitarbeiter- und Kundenzufriedenheit.

3. Ausbildung

   Bei der Ausbildung der Mitarbeiter und Führungskräfte
   in agilen Praktiken und Führungsverhalten müssen 2
   Aspekte in Balance gebracht werden:

   1. Ausbildung bei Bedarf - einige Unternehmen
      setzen ein Trainingsprogramm auf und
      schicken alle Mitarbeiter zu diesem. Wenn
      Mitarbeiter im Januar einen Scrum Kurs haben,
      aber erst im Dezember anfangen danach zu
      arbeiten ist das gelernte schon wieder
      vergessen - deswegen sollte eine spezifische
      Schulung erst mit dem Start der Mitarbeiter
      durchgeführt werden.

2. Alle mitnehmen - wenn nur die Mitarbeiter geschult werden, die schon agil arbeiten fühlen sich die restlichen Mitarbeiter oft abgehängt. Darüber hinaus ist es hilfreich, wenn die Mitarbeiter ihre "agilen Kollegen" verstehen und wie sie arbeiten damit die Zusammenarbeit besser funktioniert.

In der Praxis hat sich eine Kombination als recht hilfreich herausgestellt: am Anfang gehen alle Mitarbeiter durch einen "Agile Basics" Kurs um das allgemeine Verständnis in der Organisation sicher zu stellen, Mitarbeiter, die in ein agiles Team gehen werden spezifisch kurz vorher geschult.

4. Kleine, aber regelmäßige Schritte

Ein inkrementelles, auf Lernen ausgerichtetes Vorgehen hilft, die Akzeptanz zu erhöhen sowie Weg und Ziel auf das Gelernte hin anzupassen. Die ersten Schritte ergeben sich aus dem Zielbild und der Standortbestimmung: gibt es schon agile Teams und es sollen weitere aufgestellt werden? Oder sollen diese direkt in einem Tribe zusammengefasst werden? Sollte man erst agile Piloten starten?

5. Multiplikation

Die involvierten Mitarbeiter wirken als Multiplikatoren im Unternehmen - sie sprechen in der Kantine, beim Kaffee oder anderen informellen treffen. Der Austausch kann durch die Förderung von Events gestärkt werden: gemeinsame Lerntage, eine offene Retrospektive, Gallery Walks, etc.

6. Führung

Die Führung muss den Wandel nicht nur treiben, sondern vor allem Vorleben. Aktiv Behinderungen zur Seite räumen und unterstützen. Ein Manager, der nach wie vor Aufgaben verteilt und kontrolliert kann nur schwer von seinen Mitarbeitern fordern selbst-organisiert zu handeln.

7. Kommunikation

Es passiert relativ schnell, dass sich die schon agilen Bereiche von der bisherigen Organisation abtrennen - räumlich, organisatorisch und sprachlich. Damit die anderen Mitarbeiter nicht nur Zuschauer sind, sondern ebenfalls Ihren Input geben können ist eine offene und aktive Kommunikation notwendig. Das können bspw. Town Halls mit dem Management sein. Wichtig ist, dass alle Mitarbeiter sich äußern dürfen und deren Fragen und Wünsche ernst genommen werden.

8. Wirkung verfolgen

Dies ist praktisch die Retrospektive der agilen Transition. Neben messbaren Größen wie Durchlaufzeiten oder 5 Dysfunktionen kann hier eine Sicht von außen hilfreich sein.

9. Transformation Scrum

Wenn das Ziel Agilität ist, sollte schon der Weg dahin agil sein. Wenn es die feste Überzeugung ist, dass Projekte, Produkte und Services am besten agil entwickelt werden - dann sollte doch auch dieses Change Projekt agil sein, oder?

Weitere Details im Buch: **Organisation in einer Digitalen Zeit: Ein Buch für die Gestaltung von reaktionsfähigen und schlanken Organisationen mit Hilfe von skalierten Agile & Lean Mustern**, Malte Foegen und Christian Kaczmarek: https://amzn.to/3goAz7A

8.3 Transition Team etablieren

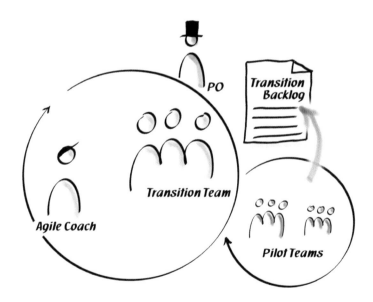

Abbildung 28: Transition-Team

Eine agile Transition muss in einer Organisation auf allen Ebenen passieren. Wenn diese vom Top-Management top-down angeordnet wird, ist Widerstand vorprogrammiert da die psychologische Eigentümerschaft der Betroffenen fehlt. Ohne die Freiwilligkeit der Betroffenen (Beteiligte könnte man hier nur schwer sagen) wird bestenfalls agiles Theater gespielt, aber es werden keine agilen Muster und keine Kultur etabliert. In solchen Unternehmen werden agile Praktiken und Methoden eher als Last ohne Mehrwert empfunden.

Auf der anderen Seite ist eine bottom-up Änderung utopisch - in einzelnen Teams können agile Methoden sehr gut funktionieren, sobald es aber zu einer Skalierung kommt werden die Teams immer gegen eine gläserne Decke stoßen, die durch das Beharrungsvermögen insbesondere des mittleren Managements und Experten eingezogen wird.

In beiden Fällen gilt das Larmansche Gesetz:

1. Organisationen sind implizit dazu optimiert, den Status quo sowohl des unteren und mittleren Managements als auch von Spezialisten hinsichtlich Position und Machtstruktur nicht zu verändern.
2. Als eine Folge von 1. wird jede Änderungsinitiative darauf reduziert, neue Begrifflichkeiten so umzudeuten oder zu überfrachten, dass sie im Grunde wieder den Status quo beschreiben.
3. Als eine Folge von 1. wird jede Änderungsinitiative als "puristisch", "theoretisch", "revolutionär" verspottet, denn man "brauche ja schließlich pragmatische Anpassungen für lokale Belange" - was lediglich vom Aufdecken von Problemen und dem Status quo von Managern und Spezialisten ablenken soll.
4. Als Folge von 1. werden Manager und Spezialisten, welche nach dem Change keine neue Funktion mehr

haben zu Coaches oder Trainern für den Wechsel, und verstärken somit 2. und 3.

5. Kultur folgt Struktur

Weitere Informationen unter: https://www.craiglarman.com/wiki/index.php? title=Larman%27s_Laws_of_Organizational_B ehavior

Genau dies kann die Einführung von Spotify auch gefährlich machen: es werden nur einige Organisationsmerkmale und Prinzipien beschrieben - es gibt jede Menge Freiraum, den das Unternehmen selber füllen muss. Aufgrund des Larmansche Gesetzes werden diese Lücken durch das Management und Spezialisten so ausgefüllt, dass es nur "alten Wein in neuen Schläuchen" gibt.

Ein Agile Transition Team kann hier Abhilfe schaffen. Für das ATT gibt es verschiedene Begriffe: Agile Center of Expertise, Agile Working Group, Lean-Agile Center of Excellence (im SAFe®). Das ATT wird mit dedizierten Personen aus verschiedenen Hierarchiestufen und Bereichen besetzt um die Bandbreite der zu transformierenden Einheit abzubilden. Durch die Zusammensetzung werden einige Punkte des Larmanschen Gesetzes adressiert:

- Durch die Besetzung von Mitarbeitern aus dem operativen Bereich werden deren Belange in die Transition getragen und nicht nur top-down aus Management Perspektive entschieden.
- Durch die Beteiligung von Managern wird das ATT in die Lage versetzt, besprochene Änderungen im Unternehmen auch durchzusetzen.

- Durch (externe) Agile Coaches wird die Expertise zu agilen Skalierungen & deren Mustern hereingetragen. Die Gefahr, dass die Lücken durch alte Arbeitsweisen gefüllt werden ist damit deutlich reduziert.

Der 5. Punkt: Kultur folgt Struktur wird durch das iterative Vorgehen sichergestellt. Dadurch werden die 3 Dimensionen Organisation, Prozesse, Unternehmenskultur gleichmäßig in die Agilität geführt.

Aufgaben des ATT sind unter anderem:

- Kommunikation der Notwendigkeit, Dringlichkeit und Vision der Veränderung
- Entwicklung der Transition Planung und Nachhalten des Transition Backlogs
- Entwicklung der Squads und der speziellen Rollen (Tribe Leads, Chapter Leads, Product Owner, etc.)
- Unterstützung bei der Formung von Gilden
- Messung der Ergebnisse
- Etablierung übergreifender Retrospektiven & Verbesserungen

8.4 Wertströme identifizieren

Die meisten Unternehmen haben ihre Organisation entlang der Expertise, bzw. Komponenten aufgebaut. Das ist kosteneffizient: die Mitarbeiter können hoch ausgelastet werden und die Aufgaben mit hoher Qualität bearbeitet werden. Nachteil dieses Setups: Arbeit benötigt in der Regel mehrere Expertisen. Dadurch "wandern" Arbeitspakete durch das

Unternehmen. Bei jedem Handover gehen Informationen verloren (deswegen muss viel dokumentiert werden) und vor jeder neuen Arbeitsstation gibt es eine Wartezeit, da die empfangende Abteilung ja ein eigenes Backlog hat. So kann es passieren, dass eine Aufgabe, die evtl. 2 Tage Arbeit bedeutet für Monate im System ist. In dem Diagramm ein einfaches Beispiel mit nur 2 Teams - stellen Sie sich vor, wie das mit 5 oder mehr beteiligten Teams aussehen würde:

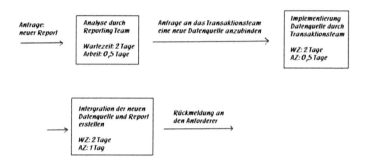

Abbildung 29: Beispiel eines Wertstroms

Die Arbeitszeit liegt bei 2 Tagen, die Durchlaufzeit bei 6 Tagen. es werden also nur 33% der Zeit, in welcher die Aufgabe im System ist wirklich an dieser Aufgabe gearbeitet (obwohl die Mitarbeiter zu 100% ausgelastet sind). In vielen Unternehmen liegt diese Flusseffizienz bei um die 15%.

Dadurch wird die Zuverlässigkeit der Lieferungen signifikant reduziert - und dass ist einer der Gründe, warum die Squads und Tribes cross-funktional aufgebaut sind.

Weitere Informationen im Buch: **Actionable Agile Metrics for Predictability: An Introduction**, Daniel S. Vacanti: https://amzn.to/3c1Jbh1

Was für ein Unternehmen oder eine Teileinheit wie eine Abteilung ein Wertstrom ist kann sehr unterschiedlich sein. Auch je nachdem, wie die Skalierung ist. In unserem Beispiel mit dem neuen Report ist der Wertstrom der IT einen Service für den internen Kunden zu bieten. Aber von einer Ebene höher betrachtet: der Report wird vielleicht bei einer Bank benötigt um die Rückzahlquote bei Krediten zu messen. Dann wäre der Wertstrom wie folgt:

Abbildung 30: Beispiel-Wertstrom einer Bank

Der neue Report ist also nur ein Teil des gesamten Wertstroms. Je umfassender der Wertstrom betrachtet wird, desto komplexer und aufwendiger wird die Umstellung - aber auch der Vorteil. Um nicht mit der größtmöglichen Komplexität zu starten, grenzen Sie den Wertstrom und damit die Tribes und Squads etwas ein. Hierzu sollten Sie die strategischen Ziele beachten. Wenn eine Bank als Vision hat, vom Kreditantrag bis zur Auszahlung die schnellste Bank in der Welt zu werden, wäre es also sinnvoll, den Wertstrom vom Antrag bis zur Auszahlung in den Fokus zu nehmen, davor und danach erst einmal nicht.

ABBILDUNGSVERZEICHNIS

INDEX

NACHWORT

So, jetzt sind Sie, lieber Leser am Ende dieses Buches angekommen und haben hoffentlich einiges zum Spotify-Framework, agiler Skalierung und dem agilen Mindset mitgenommen.

Über jegliche Art von Feedback, Anregungen oder weiterer Input würden wir uns natürlich sehr freuen.

Nutzen Sie dazu einfach u.g. E-Mail-Adresse.

Da wir, als Agile Berater, selbst unsere eigenen Vorhaben - wie dieses Buch - nach lean-agilen Prinzipien angehen, hier mal kurz die Historie wie dieses Werkes erstanden ist.

Die Zeit von der ersten Idee und dem Beschluss dieses Vorhaben in die Tat umzusetzen bis zur letztendlichen Fertigstellung hat gerade einmal 10 Wochen betragen.

Hier kurz die Methodik, die wir selbst angewendet haben, um dieses Werk schnell "auf dem Markt zu bringen".

- Gemeinsames Ziel: Schnell ein deutschsprachiges eBook zum Spotify-Framework als MVP zu publizieren.
- Kein weiterer Fokus oder genauer Plan auf exakte Inhalte oder Kapitel, sondern einfach loszuschreiben und zu sehen, wo wir nach ein paar Wochen stehen. Sobald wir ein gutes Gefühl haben soll dann das Produkt auf den Markt gebracht werden. Lieber als hemdsärmeliger Erster als perfekter Zweiter.

- Wöchentliche Abstimmung zur Koordination und dem Informationsaustausch, ansonsten asynchrones Arbeiten an den Inhalten.
- Nutzung von Confluence als gemeinsames Tool, um den Inhalt zu sammeln und zu strukturieren
- Bereits nach 1/3 Fertigstellung des Inhaltes wurde ein erster Durchstich durchgeführt, um die bis dahin erarbeiteten Inhalte in die finale Kindle-Form zu bringen und quasi den Deployment-Prozess bis zum Ende zu testen. Der Durchstich verlief gut und wir mussten keine größeren Änderungen an unserem Eingangsformat vornehmen.
- Kurze Korrekturschleifen, um nur die gröbsten Schnitzer auszumerzen, ansonsten kommen die Verbesserungen und Korrekturen in den nächsten Versionen,

Auch wenn der eine oder andere Tag/Nacht recht intensiv war, hat es sich aus unserer Sicht gelohnt und gemäß den agilen Gedanken, baue kleine Produkte, teste sie auf dem Markt und schaue Dir das Feedback an, warten wir jetzt auf die Stimmen nach unserem 1. Release.

Ihr Feedback und Anregungen können Sie uns gerne schreiben: SkalierenmitSpotify@maikscheele.de

Wir freuen uns auf den Austausch mit Ihnen!

Manuel Marsch & Maik Scheele

ÜBER DIE AUTOREN

Maik Scheele

Maik Scheele ist ein erfahrener Agiler Coach und Projekt Manager für Innovationsmanagement und IT-Projekte. Sein Schwerpunkt ist die Skalierung agiler Arbeitsweisen in Programmen und Organisationen. Er hat bei der Einführung des Spotify Models bei der ING-DiBa in Deutschland mitgewirkt und berät Unternehmen bei der Umsetzung agiler Muster in ihrem Kontext. Als Projekt Manager ist er zertifiziert als Project Management Professionale durch das PMI (PMP) und als SAFe® Program Consultant (SPC) - dadurch kann er die klassische und die agile Welt auf einzigartige Art verbinden.

Vor seiner Tätigkeit als Agile Coach war er von 2000 bis 2010 als SAP-Berater und von 2010 bis 2016 als Leiter des PMOs bei HeidelbergCement tätig.

Homepage: http://www.maikscheele.de/

Manuel Marsch

Manuel Marsch ist Unternehmensberater und Coach und beschäftigt sich seit über 15 Jahren mit Projektmanagement und agilen Methoden (Scrum, Kanban, SAFe®), berät Unternehmen bei Agilen Transformationen und coacht Teams und Unternehmen in unterschiedlichen Größen von 5 bis 5000 Personen.
Er ist zertifizierter Scrum Master, Scrum Product Owner, Scaled Agile Programm Consultant (SPC) und 9Levels®-Berater.

Erste Erfahrungen mit Spotify hatte er bereits vor 2 Jahren bei einer der ersten Spotify-Implementierungen bei der ING Deutschland-Bank gesammelt.

Neben dem Wissen über eine Methode ist, es ihm wichtig dass eine Methode auch zur gestellten Aufgabe und dem Unternehmen und den Mitarbeitern passt, daher sammelt er fleißig Kenntnisse und Erfahrungen über verschiedene Frameworks und Methoden, um immer das richtige Werkzeug für ein neue Herausforderung dabei zu haben.

Homepage: http://www.derscrumberater.de/

Printed in Poland
by Amazon Fulfillment
Poland Sp. z o.o., Wrocław

73783220R00068